आरती संग्रह

प्रकाशक: डिवाइनभारत

डिज़ाइनर: सुजाता साहा

ISBN 978-93-343-8410-9

प्रकाशक: डिवाइनभारत

डिज़ाइनर: सुजाता साहा

वेबसाइट: www.divinebharat.co

अनुक्रमणिका

क्रमांक	विषय	पृष्ठ संख्या
1	वक्रतुण्ड महाकाय	7
2	जय गणेश, जय गणेश, जय गणेश देवा	8
3	गणपति की सेवा मंगल मेवा	9
4	सुखकर्ता दुखहर्ता	11
5	आरती गजबदन विनायक की।	12
6	ॐ गं गणपतये नमो नम:	13
8	महा गणपतिं मनसा स्मरामि	14
9	गणपति ध्यान स्तुति	15
10	शिव मंत्र	17
11	भगवान शिव स्तुति	18
12	ॐ नमः शिवाय, ॐ नमः शिवाय	19
13	ॐ जय शिव ओंकारा	23
14	हर हर हर महादेव	25
15	काल की विकरल की	27
16	ॐ जय गंगाधर जय हर	29
17	जयति जयति जग-निवास	32
18	शीश गंग अर्धन्ग पार्वतीसदा विराजत कैलासी	34
19	ॐ जय जगदीश हरे	35

20	आरती श्री सत्यनारायणजी	37
21	श्री पुरुषोत्तम देव की आरती	39
22	श्रीमन नारायण नारायण हरि हरि	40
23	ॐ जय नरसिंह हरे	41
24	आरती कीजै नरसिंह कुँवर की	42
25	आरती कुंजबिहारी की	43
26	श्री बाँकेबिहारी तेरी आरती गाऊँ	45
27	आरती श्री गोवर्धन महाराज की	46
28	आरती जुगल किशोर की कीजै	47
29	नन्द-सुवन जसुमतिके लाला	48
30	आरती श्रीकृष्ण कन्हैया की	50
31	जय जय गिरिधारी	51
32	श्री यशोदालाल आरती	53
33	श्री रामचन्द्र कृपालु भजु मन	54
34	आरती कीजै श्री रघुवर जी की	56
35	ऐसी आरती राम रघुबीर की करहि मन	57
36	जय जानकीनाथा	59
37	बन्दौं रघुपति करुना निधान	60
38	आरती कीजै हनुमान लला की	61
39	अम्बे तू है जगदम्बे काली	63
40	श्री महाकाली माता जी की आरती	65

41	आरती दुर्गा जी की कीजै	67
42	जय अम्बे गौरी आरती	68
43	आरती माता भवानी की	70
44	दुर्गे दुर्घट भारी	71
45	जय वैष्णवी माता	72
46	नवदुर्गा की आरती	72
47	आरती देवी शैलपुत्री जी की	73
48	आरती देवी ब्रह्मचारिणी जी की	74
49	आरती देवी चन्द्रघण्टा जी की	75
50	आरती देवी कूष्माण्डा जी की	76
51	आरती देवी स्कन्दमाता जी की	77
52	आरती देवी कात्यायनी जी की	78
53	आरती देवी कालरात्रि जी की	79
54	आरती देवी महागौरी जी की	80
55	आरती देवी सिद्धिदात्री जी की	81
56	श्री पार्वती माता की आरती	82
57	श्री बगलामुखी माता जी की आरती	84
58	श्री विन्ध्येश्वरी माता जी की आरती	86
59	आरती ललिता माता की	87
60	ॐ महालक्ष्म्यै नमो नमः	88
61	ॐ जय लक्ष्मी माता	89

62	श्री अन्नपूर्णा माता जी की आरती	90
63	आरती श्री सन्तोषी माँ	91
64	जय सरस्वती माता	93
65	भुवन विराजी शारदा महिमा अपरम्पार	94
66	या कुन्देन्दुतुषारहारधवला	95
67	हे हंसवाहिनी ज्ञान दायिनी	96
68	जयति जय जय मां सरस्वती	98
69	ॐ जय गंगे माता	99
70	जय जय भगीरथनन्दिनि	100
71	श्री नर्मदा माता जी की आरती	101
72	यमुना माता आरती	103
73	आरती अहोई माता की	104
74	एकादशी माता की आरती	105
75	श्री तुलसी जी की आरती	108
76	जयति जय गायत्री माता	109
77	श्री गायत्रीजी की आरती	111
78	श्री शीतला माता की आरती	112
79	श्री गौमाताजी की आरती	114
80	श्री राधा माता जी की आरती	116
81	श्री शाकम्भरी माता जी की आरती	117
82	श्री नवग्रह आरती	119

॥ आरती श्री गणेशजी की ॥

वक्रतुण्ड महाकाय सूर्यकोटि समप्रभः ।
निर्विघ्नं कुरु मे देव सर्वकार्येषु सर्वदा ॥

॥ जय गणेश, जय गणेश, जय गणेश देवा ॥

जय गणेश जय गणेश, जय गणेश देवा।
माता जाकी पार्वती, पिता महादेवा॥
एक दंत दयावंत, चार भुजा धारी।
माथे सिंदूर सोहे, मूसे की सवारी॥
जय गणेश जय गणेश, जय गणेश देवा।
माता जाकी पार्वती, पिता महादेवा॥
पान चढ़े फल चढ़े, और चढ़े मेवा।
लड्डुअन का भोग लगे, संत करें सेवा॥
जय गणेश जय गणेश, जय गणेश देवा।
माता जाकी पार्वती, पिता महादेवा॥
अंधन को आंख देत, कोढ़िन को काया।
बांझन को पुत्र देत, निर्धन को माया॥
जय गणेश जय गणेश, जय गणेश देवा।
माता जाकी पार्वती, पिता महादेवा॥
'सूर' श्याम शरण आए, सफल कीजे सेवा।
माता जाकी पार्वती, पिता महादेवा॥
जय गणेश जय गणेश, जय गणेश देवा।
माता जाकी पार्वती, पिता महादेवा॥
दीनन की लाज रखो, शंभु सुतकारी।
कामना को पूर्ण करो, जाऊं बलिहारी॥
जय गणेश जय गणेश, जय गणेश देवा।

॥ गणपति की सेवा मंगल मेवा ॥

गणपति की सेवा मंगल मेवा, सेवा से सब विघ्न टरैं ।
तीन लोक के सकल देवता, द्वार खड़े नित अर्ज करैं ॥
गणपति की सेवा मंगल मेवा...

रिद्धि-सिद्धि दक्षिण-वाम विराजें, अरु आनंद सों चमर करैं
धूप-दीप अरु लिए आरती, भक्त खड़े जयकार करैं ॥
गणपति की सेवा मंगल मेवा...

गुड़ के मोदक भोग लगत हैं, मूषक वाहन चढ़्या सरैं ।
सौम्य रूप को देख गणपति के, विघ्न भाग जा दूर परैं ॥
गणपति की सेवा मंगल मेवा...

भादो मास अरु शुक्ल चतुर्थी, दिन दोपारा दूर परैं ।
लियो जन्म गणपति प्रभु जी, दुर्गा मन आनंद भरैं ॥
गणपति की सेवा मंगल मेवा...

अद्भुत बाजा बजा इन्द्र का, देव बंधु सब गान करैं ।
श्री शंकर के आनंद उपज्या, नाम सुन्यो सब विघ्न टरैं ॥

गणपति की सेवा मंगल मेवा...

आनि विधाता बैठे आसन, इंद्र-अप्सरा नृत्य करैं।

देख वेद-ब्रह्मा जी जाको, विघ्न विनाशक नाम धरैं॥

गणपति की सेवा मंगल मेवा...

एकदंत गजवदन विनायक, त्रिनयन रूप अनूप धरैं।

पगथम्भा सा उदर पुष्ट है, चन्द्रमा हास्य करैं॥

गणपति की सेवा मंगल मेवा...

दे श्राप श्री चन्द्रदेव को, कलाहीन तत्काल करैं।

चौदह लोक में फिरें गणपति, तीन लोक में राज करैं॥

गणपति की सेवा मंगल मेवा...

उठि प्रभात जप करैं ध्यान, कोई ताके कारज सर्व सरैं।

पूजा काल आरती गावैं, ताके शिर यश छत्र फिरैं॥

गणपति की सेवा मंगल मेवा...

गणपति की पूजा पहले करनि, काम सभी निर्विघ्न सरैं।

सभी भक्त गणपति जी के हाथ जोड़कर स्तुति करैं॥

गणपति की सेवा मंगल मेवा...

॥ सुखकर्ता दुखहर्ता ॥

सुखकर्ता दुःखहर्ता वार्ता विघ्नाची ।
नुरवी पूर्वी प्रेम कृपा जयाची ॥
सर्वांगी सुंदर उटी शेंदूराची ।
कंठी झळके माळ मुक्ताफळांची ॥
जय देव जय देव, जय मंगलमूर्ती ।
दर्शनमात्रे मनकामना पूर्ण होती ॥
॥ जय देव जय देव ॥

रत्नखचित फरा तुज गौरीकुमरा ।
चंदनाची उटी कुङ्कुमकेशरा ॥
हिरेजडित मुकुट शोभतो बरा ।
रुणझुणती नूपुरे चरणी घागरिया ॥
॥ जय देव जय देव ॥

लंबोदर पितांबर फणीवरबंधना ।
सरळ सोंड वक्रतुंड त्रिनयना ॥
दास रामाचा वाट पाहे सदना ।
संकटी पावावा निर्वाणी रक्षावा ॥
॥ जय देव जय देव ॥

॥ आरती गजबदन विनायक की ॥

आरती गजबदन विनायक की।
सुर-मुनि-पूजित गणनायक की॥
आरती गजबदन विनायक की॥
एकदन्त शशिभाल गजानन,
विघ्नविनाशक शुभगुण कानन।
शिवसुत वन्द्यमान-चतुरानन,
दुःखविनाशक सुखदायक की॥
आरती गजबदन विनायक की॥
ऋद्धि-सिद्धि-स्वामी समर्थ अति,
विमल बुद्धि दाता सुविमल-मति।
अघ-वन-दहन अमल अबिगत गति,
विद्या-विनय-विभव-दायककी॥
आरती गजबदन विनायक की॥
पिङ्गलनयन, विशाल शुण्डधर,
धूम्रवर्ण शुचि वज्रांकुश-कर।
लम्बोदर बाधा-विपत्ति-हर,
सुर-वन्दित सब विधि लायक की॥
आरती गजबदन विनायक की॥

॥ ॐ गं गणपतये नमो नमः ॥

श्री सिद्धिविनायक नमो नमः
अष्टविनायक नमो नमः
गणपती बाप्पा मोरया
ॐ गं गणपतये नमो नमः
श्री सिद्धिविनायक नमो नमः
अष्टविनायक नमो नमः
गणपती बाप्पा मोरया
ॐ गं गणपतये नमो नमः
श्री सिद्धिविनायक नमो नमः
अष्टविनायक नमो नमः
गणपती बाप्पा मोरया
ॐ गं गणपतये नमो नमः
श्री सिद्धिविनायक नमो नमः
अष्टविनायक नमो नमः
गणपती बाप्पा मोरया

॥ महा गणपतिं मनसा स्मरामि ॥

महा गणपतिं मनसा स्मरामि विणायकविभुं वटपत्रासिनं

महाकविनुतं महादेवं मधुरस्वरप्रियतरं सन्देहम्

मन्दारधारं सन्दर्शितप्रेमं मुदाकरं चन्द्रार्धमौलिसुतं

सिन्दूरवर्णं सिन्धुरवाहनं सिन्दूरसुन्दरविग्रहं गम्भीरं

अमरसप्तस्वरविनुतं अगणितमहिमं असुरनिकन्दनं

समरसवर्णं सततं योगिजनसेवितं सन्ततं सुरमुनिगणनुतं

नम्रतरं नाट्यविनोदमोदं नवरसगानमुदितहृदयं

नादस्वरप्रिया नानाविधपारिषदनुतं नाटकादिसंप्रेरकम्

॥ गणपति ध्यान स्तुति ॥

गणनायकाय गणदैवताय गणाध्यक्षाय धीमहि ।
गुणशरीराय गुणमण्डिताय गुणेशानाय धीमहि ॥
गुणातीताय गुणाधीशाय गुणप्रविष्टाय धीमहि ।
एकदन्ताय वक्रतुण्डाय गौरीतनयाय धीमहि ॥
गजेशानाय बालचन्द्राय श्रीगणेशाय धीमहि ॥
एकदन्ताय वक्रतुण्डाय गौरीतनयाय धीमहि ॥
गजेशानाय बालचन्द्राय श्रीगणेशाय धीमहि ॥

गणचतुराय गणप्राणाय गणान्तरात्मने ।
गणोत्सुकाय गणमत्ताय गणोत्सुक-मानसे ॥
गुरुपूजिताय गुरुदैवताय गुरुकुलस्थायिने ।
गुरुविक्रमाय गुह्यप्रवराय गुरवे गुणगुरवे ॥
गुरुदैत्य कालक्षेत्रे गुरुधर्म सदाराध्याय ।
गुरुपुत्र परित्रात्रे गुरुपाखण्ड खण्डकाय ॥

गीतसाराय गीततत्त्वाय गीतगोत्राय धीमहि ।
गूढगुल्फाय गन्धमत्ताय गोजयप्रदाय धीमहि ॥
गुणातीताय गुणाधीशाय गुणप्रविष्टाय धीमहि ।
एकदन्ताय वक्रतुण्डाय गौरीतनयाय धीमहि ॥

गजेशानाय बालचन्द्राय श्रीगणेशाय धीमहि ॥
एकदन्ताय वक्रतुण्डाय गौरीतनयाय धीमहि ॥
गजेशानाय बालचन्द्राय श्रीगणेशाय धीमहि ॥

सर्वराजाय गन्धानां सर्वगणश्रवणप्रणयिने ।
गाढाय रागाय ग्रन्थाय गीताय ग्रन्थार्थ तनमयिने ॥
गुरिलये... गुणवते... गणपतये...
ग्रन्थगीताय ग्रन्थगेयाय ग्रन्थान्तरात्मने ॥
गीतलीनाय गीताश्रयाय गीतवाद्य पतये ॥

ध्येयचरिताय गायकवराय गन्धर्वप्रियकृपे ।
गायकाधीन विग्रहाय गंगाजल प्रणयवते ॥
गौरिस्तनंधनाय गौरिहृदय नंदनाय ॥
गौरभानुसुताय गौरिगणेश्वराय ॥
गौरिप्रणयाय गौरिप्रवणाय गौरभावाय धीमहि ॥
घोषशस्त्राय गोवर्धनाय गोपगोपाय धीमहि ॥
गुणातीताय गुणाधीशाय गुणप्रविष्टाय धीमहि ॥
एकदन्ताय वक्रतुण्डाय गौरीतनयाय धीमहि ॥
गजेशानाय बालचन्द्राय श्रीगणेशाय धीमहि ॥
एकदन्ताय वक्रतुण्डाय गौरीतनयाय धीमहि ॥
गजेशानाय बालचन्द्राय श्रीगणेशाय धीमहि ॥

॥ शिव मंत्र ॥

ॐ त्र्यम्बकं यजामहे सुगन्धिं पुष्टिवर्धनम् ।
उर्वारुकमिव बन्धनान् मृत्योर्मुक्षीय मामृतात् ॥

कर्पूरगौरं करुणावतारं संसारसारं भुजगेन्द्रहारम् ।
सदा बसन्तं हृदयारबिन्दे भबं भवानीसहितं नमामि ।।

॥ भगवान शिव स्तुति ॥

आशुतोष शशांक शेखर, चन्द्र मौली चिदंबरा,
कोटि कोटि प्रणाम शम्भू, कोटि नमन दिगम्बरा।।
निर्विकार ओमकार अविनाशी, तुम्ही देवाधि देव,
जगत सर्जक प्रलय करता, शिवम सत्यम सुंदरा।।
निरंकार स्वरूप कालेश्वर, महा योगीश्वरा,
दयानिधि दानिश्वर जय, जटाधार अभयंकरा।।
शूल पानी त्रिशूल धारी, औगड़ी बाघम्बरी,
जय महेश त्रिलोचनाय, विश्वनाथ विशम्भरा।।
नाथ नागेश्वर हरो हर, पाप साप अभिशाप तम,
महादेव महान भोले, सदा शिव शिव संकरा।।
जगत पति अनुरकती भक्ति, सदैव तेरे चरण हो,
क्षमा हो अपराध सब, जय जयति जगदीश्वरा।।
जनम जीवन जगत का, संताप ताप मिटे सभी,
ओम नमः शिवाय मन, जपता रहे पञ्चाक्षरा।।
आशुतोष शशांक शेखर, चन्द्र मौली चिदंबरा,
कोटि कोटि प्रणाम शम्भू, कोटि नमन दिगम्बरा ।।
कोटि नमन दिगम्बरा.. कोटि नमन दिगम्बरा.. कोटि नमन दिगम्बरा..

॥ ॐ नमः शिवाय, ॐ नमः शिवाय ॥

ॐ नमः शिवाय, ॐ नमः शिवाय

हर-हर भोले नमः शिवाय,

ॐ नमः शिवाय, ॐ नमः शिवाय,

हर-हर भोले नमः शिवाय....

रामेश्वराय, शिव, रामेश्वराय,

हर-हर भोले नमः शिवाय,

रामेश्वराय, शिव, रामेश्वराय,

हर-हर भोले नमः शिवाय....

गंगाधराय, शिव, गंगाधराय,

हर-हर भोले नमः शिवाय,

गंगाधराय, शिव, गंगाधराय,

हर-हर भोले नमः शिवाय....

जटाधराय, शिव, जटाधराय,

हर-हर भोले नमः शिवाय,

जटाधराय, शिव, जटाधराय,

हर-हर भोले नमः शिवाय....

सोमेश्वराय, शिव, सोमेश्वराय,

हर-हर भोले नमः शिवाय,

सोमेश्वराय, शिव, सोमेश्वराय,

हर-हर भोले नमः शिवाय....

विश्वेश्वराय, शिव, विश्वेश्वराय,

हर-हर भोले नमः शिवाय,

विश्वेश्वराय, शिव, विश्वेश्वराय,

हर-हर भोले नमः शिवाय....

कोटेश्वराय, शिव, कोटेश्वराय,

हर-हर भोले नमः शिवाय,

कोटेश्वराय, शिव, कोटेश्वराय,

हर-हर भोले नमः शिवाय....

महाकलेश्वराय, महाकलेश्वराय,

हर-हर भोले नमः शिवाय,

महाकलेश्वराय, महाकलेश्वराय,

हर-हर भोले नमः शिवाय....

त्र्यम्बकेश्वराय, शिव, त्र्यम्बकेश्वराय,

हर-हर भोले नमः शिवाय,

त्र्यम्बकेश्वराय, शिव, त्र्यम्बकेश्वराय,

हर-हर भोले नमः शिवाय....

भद्रेश्वराय, शिव, भद्रेश्वराय,

हर-हर भोले नमः शिवाय,

भद्रेश्वराय, शिव, भद्रेश्वराय,

हर-हर भोले नमः शिवाय....

योगेश्वराय, शिव, योगेश्वराय,

हर-हर भोले नमः शिवाय,

योगेश्वराय, शिव, योगेश्वराय,

हर-हर भोले नमः शिवाय....

ममलेश्वराय, शिव, ममलेश्वराय,

हर-हर भोले नमः शिवाय,

ममलेश्वराय, शिव, ममलेश्वराय,

हर-हर भोले नमः शिवाय....

भीमेश्वराय, शिव, भीमेश्वराय,

हर-हर भोले नमः शिवाय,

भीमेश्वराय, शिव, भीमेश्वराय,

हर-हर भोले नमः शिवाय....

गंगेश्वराय, शिव, गंगेश्वराय,

हर-हर भोले नमः शिवाय,

गंगेश्वराय, शिव, गंगेश्वराय,

हर-हर भोले नमः शिवाय....

कामेश्वराय, शिव, कामेश्वराय,

हर-हर भोले नमः शिवाय,

कामेश्वराय, शिव, कामेश्वराय,

हर-हर भोले नमः शिवाय....

रुद्रेश्वराय, शिव, रुद्रेश्वराय,

हर-हर भोले नमः शिवाय,

रुद्रेश्वराय, शिव, रुद्रेश्वराय,

हर-हर भोले नमः शिवाय....

ॐ नमः शिवाय, ॐ नमः शिवाय,

हर-हर भोले नमः शिवाय,

ॐ नमः शिवाय, ॐ नमः शिवाय,

हर-हर भोले नमः शिवाय....

॥ ॐ जय शिव ओंकारा ॥

ॐ जय शिव ओंकारा, प्रभु जय शिव ओंकारा ।
ब्रह्मा, विष्णु, सदाशिव, अर्धांगी धारा ॥
ॐ जय शिव ओंकारा...

एकानन चतुरानन पंचानन राजे ।
हंसासन गरुड़ासन वृषवाहन साजे ॥
ॐ जय शिव ओंकारा...

दो भुज चार चतुर्भुज दस भुज तेजधारी ।
त्रिगुण स्वरूप निरखत त्रिभुवन जन नारी ॥
ॐ जय शिव ओंकारा...

अक्षमाला वनमाला मुण्डमाला धारी ।
चंदन मृगमद सोहे भाल शुभ बिचारी ॥
ॐ जय शिव ओंकारा...

श्वेताम्बर पीताम्बर बाघम्बर अंगे ।
संकट मोचन स्वामी भक्तन के संगे ॥
ॐ जय शिव ओंकारा...

कर के मध्य कमण्डलु चक्र त्रिशूलधारी ।
सुखकर्ता दुखहर्ता त्रिभुवन भर्तारी ॥
ॐ जय शिव ओंकारा...

भस्मालंकार किए भूतों के स्वामी ।
त्रिपुरारी जगपालक शंकर भवभामी ॥
ॐ जय शिव ओंकारा...

सृष्टि के पालनकर्ता जग के विधाता ।
कृपा करो हे शंकर पालन करो नाथा ॥
ॐ जय शिव ओंकारा...

॥ हर हर हर महादेव ॥

हर हर हर महादेव!
सत्य, सनातन, सुन्दर, शिव सबके स्वामी।
अविकारी अविनाशी, अज अन्तर्यामी॥
हर हर हर महादेव!
आदि, अनन्त, अनामय, अकल, कलाधारी।
अमल, अरूप, अगोचर, अविचल, अघहारी॥
हर हर हर महादेव!
ब्रह्मा, विष्णु, महेश्वर तुम त्रिमूर्तिधारी।
कर्ता, भर्ता, धर्ता, तुम ही संहारी॥
हर हर हर महादेव!
रक्षक, भक्षक, प्रेरक, प्रिय औढरदानी।
साक्षी, परम अकर्ता, कर्ता अभिमानी॥
हर हर हर महादेव!
मणिमय-भवन निवासी, अति भोगी रागी।
सदा श्मशान विहारी, योगी वैरागी॥
हर हर हर महादेव!
छाल-कपाल, गरल-गल, मुण्डमाल व्याली।
चिता भस्मतन त्रिनयन, अयनमहाकाली॥
हर हर हर महादेव!

प्रेत-पिशाच-सुसेवित, पीत जटाधारी।
विवसन विकट रूपधर, रुद्र प्रलयकारी॥
हर हर हर महादेव!
शुभ्र-सौम्य, सुरसरिधर, शशिधर, सुखकारी।
अतिकमनीय, शान्तिकर, शिवमुनि मन-हारी॥
हर हर हर महादेव!
निर्गुण, सगुण, निरञ्जन, जगमय नित्य प्रभो।
कालरूप केवल हर! कालातीत विभो॥
हर हर हर महादेव!
सत्, चित्, आनन्द, रसमय, करुणामय धाता।
प्रेम-सुधा-निधि प्रियतम, अखिल विश्व त्राता॥
हर हर हर महादेव!
हम अतिदीन, दयामय! चरण-शरण दीजै।
सब विधि निर्मल मति कर, अपना कर लीजै॥
हर हर हर महादेव!

॥ काल की विकरल की ॥

काल की विकरल की त्रिलोकेश्वर त्रिकाल की
भोले शिव कृपाल की
करो रे मंगल आरती मृत्युंजय महाकाल की
करो रे मंगल आरती मृत्युंजय महाकाल की
बाबा महाकाल की ओ मेरे महाकाल की
करो रे मंगल आरती मृत्युंजय महाकाल की
करो रे मंगल आरती मृत्युंजय महाकाल की
पित पुष्प बाघम्बर धारी नंदी तेरी सवारी
पित पुष्प बाघम्बर धारी नंदी तेरी सवारी
त्रिपुण्डधारी हे त्रिपुरारी भोले भव भयहारी
त्रिपुण्डधारी हे त्रिपुरारी भोले भव भयहारी
शम्भु दिन दयाल की तीन लोक दिगपाल की
कैलाषी शशिभल की
करो रे मंगल आरती मृत्युंजय महाकाल की
करो रे मंगल आरती मृत्युंजय महाकाल की
डमरू बाजे डम डम डम डम
नाचे शंकर भोला
डमरू बाजे डम डम डम डम
नाचे शंकर भोला

बम भोले शिव बम बम बम बम
चढ़ा भंग का गोला
बम भोले शिव बम बम बम बम
चढ़ा भंग का गोला
जय जय हृदय विशाल की आशुतोष प्रतिपाल की
नौना धक धक ज्यला की
करो रे मंगल आरती मृत्युंजय महाकाल की
करो रे मंगल आरती मृत्युंजय महाकाल की
आरत हारी पालनहारी तू है मंगलकारी
आरत हारी पालनहारी तू है मंगलकारी
मंगल आरती करे नर नारी पाएं पदारथ चारी
मंगल आरती करे नर नारी पाएं पदारथ चारी
कालरूप महाकाल की कृपासिंधु महाकाल की
उज्जैनी महाकाल की
करो रे मंगल आरती मृत्युंजय महाकाल की
करो रे मंगल आरती मृत्युंजय महाकाल की
बाबा महाकाल की ओ मेरे महाकाल की
करो रे मंगल आरती मृत्युंजय महाकाल की
करो रे मंगल आरती मृत्युंजय महाकाल की

॥ ॐ जय गंगाधर जय हर ॥

ॐ जय गंगाधर जय हर, जय गिरिजाधीशा ।
त्वं मां पालय नित्यं, कृपया जगदीशा ॥
ॐ हर हर हर महादेव ॥

कैलासे गिरिशिखरे, कल्पद्रुमविपिने ।
गुंजति मधुकरपुंजे, कुंजवने गहने ॥
ॐ हर हर हर महादेव ॥

कोकिलकूजित खेलत, हंसावन ललिता ।
रचयति कलाकलापं, नृत्यति मुदसहिता ॥
ॐ हर हर हर महादेव ॥

तस्मिंल्ललितसुदेशे, शाला मणिरचिता ।
तन्मध्ये हरनिकटे, गौरी मुदसहिता ॥

क्रीडा रचयति, भूषारंचित निजमीशम् ।
इंद्रादिक सुर सेवत, नामयते शीशम् ॥
ॐ हर हर हर महादेव ॥

बिबुधबधू बहु नृत्यत, हृदये मुदसहिता ।

किन्नर गायन कुरुते, सप्त स्वर सहिता ॥
धिनकत थै थै धिनकत, मृदंग वादयते ।
क्वण क्वण ललिता वेणुं, मधुरं नाटयते ॥
ॐ हर हर हर महादेव ॥

रुण रुण चरणे रचयति, नूपुरमुज्ज्वलिता ।
चक्रावर्ते भ्रमयति, कुरुते तां धिक तां ॥
ॐ हर हर हर महादेव ॥

तां तां लुप चुप, तां तां डमरू वादयते।
अंगुष्ठांगुलिनादं, लासकतां कुरुते ॥
ॐ हर हर हर महादेव ॥

कपूर्रद्युतिगौरं, पञ्चाननसहितम् ।
त्रिनयनशशिधरमौलिं, विषधरकण्ठयुतम् ॥
ॐ हर हर हर महादेव ॥

सुन्दरजटायकलापं, पावकयुतभालम् ।
डमरुत्रिशूलपिनाकं, करधृतनृकपालम् ॥
ॐ हर हर हर महादेव ॥

मुण्डै रचयति माला, पन्नगमुपवीतम् ।

वामविभागे गिरिजा, रूपं अतिललितम् ॥
ॐ हर हर हर महादेव ॥

सुन्दरसकलशरीरे, कृतभस्माभरणम्।
इति वृषभध्वजरूपं, तापत्रयहरणं ॥
ॐ हर हर हर महादेव ॥

शंखनिनादं कृत्वा, झल्लरि नादयते ।
नीराजयते ब्रह्मा, वेदऋचां पठते ॥
ॐ हर हर हर महादेव ॥

अतिमृदुचरणसरोजं, हृत्कमले धृत्वा ।
अवलोकयति महेशं, ईशं अभिनत्वा ॥
ॐ हर हर हर महादेव ॥

ध्यानं आरति समये, हृदये अति कृत्वा ।
रामस्त्रिजटानाथं, ईशं अभिनत्वा ॥
ॐ हर हर हर महादेव ॥

संगतिमेवं प्रतिदिन, पठनं यः कुरुते ।
शिवसायुज्यं गच्छति, भक्त्या यः श्रृणुते ॥
ॐ हर हर हर महादेव ॥

॥ जयति जयति जग-निवास ॥

जयति जयति जग-निवास,शंकर सुखकारी॥
जयति जयति जग-निवास,शंकर सुखकारी॥
जयति जयति जग-निवास...॥
अजर अमर अज अरूप,सत चित आनन्दरूप।
व्यापक ब्रह्मस्वरूप,भव! भव-भय-हारी॥
जयति जयति जग-निवास...॥
शोभित बिधुबाल भाल,सुरसरिमय जटाजाल।
तीन नयन अति विशाल,मदन-दहन-कारी॥
जयति जयति जग-निवास...॥
भक्तहेतु धरत शूल,करत कठिन शूल फूल।
हियकी सब हरत हूलअचल शान्तिकारी॥
जयति जयति जग-निवास...॥
अमल अरुण चरण कमलसफल करत कामसकल।
भक्ति-मुक्ति देत विमल,माया-भ्रम-टारी॥
जयति जयति जग-निवास...॥
कार्तिकेययुत गणेश,हिमतनया सह महेश।
राजत कैलास-देश,अकल कलाधारी॥
जयति जयति जग-निवास...॥
भूषण तन भूति ब्याल,मुण्डमाल कर कपाल।
सिंह-चर्म हस्ति खाल,डमरू कर धारी॥

जयति जयति जग-निवास... ॥
अशरण जन नित्य शरण,आशुतोष आर्तिहरण।
सब बिधि कल्याण-करणजय जय त्रिपुरारी॥
जयति जयति जग-निवास... ॥

शीश गंग अर्धन्ग पार्वतीसदा विराजत कैलासी

शीश गंग अर्धन्ग पार्वतीसदा विराजत कैलासी।
नन्दी भृन्गी नृत्य करत हैं,धरत ध्यान सुर सुखरासी॥
शीतल मन्द सुगन्ध पवन बहबैठे हैं शिव अविनाशी।
करत गान गन्धर्व सप्त स्वरराग रागिनी मधुरासी॥
यक्ष-रक्ष-भैरव जहँ डोलत,बोलत हैं वनके वासी।
कोयल शब्द सुनावत सुन्दर,भ्रमर करत हैं गुन्जा-सी॥
कल्पद्रुम अरु पारिजात तरुलाग रहे हैं लक्षासी।
कामधेनु कोटिन जहँ डोलतकरत दुग्ध की वर्षा-सी॥
सूर्यकान्त सम पर्वत शोभित,चन्द्रकान्त सम हिमराशी।
नित्य छहों ऋतु रहत सुशोभितसेवत सदा प्रकृति-दासी॥
ऋषि-मुनि देव दनुज नित सेवत,गान करत श्रुति गुणराशी।
ब्रह्मा-विष्णु निहारत निसिदिनकछु शिव हमकूँ फरमासी॥
ऋद्धि सिद्धिके दाता शंकरनित सत् चित् आनँदराशी।
जिनके सुमिरत ही कट जातीकठिन काल-यमकी फाँसी॥
त्रिशूलधरजीका नाम निरन्तरप्रेम सहित जो नर गासी।
दूर होय विपदा उस नर कीजन्म-जन्म शिवपद पासी॥
कैलासी काशी के वासीअविनाशी मेरी सुध लीजो।
सेवक जान सदा चरनन कोअपनो जान कृपा कीजो॥
तुम तो प्रभुजी सदा दयामयअवगुण मेरे सब ढकियो।
सब अपराध क्षमाकर शंकरकिंकर की विनती सुनियो ॥
शीश गंग अर्धंग पार्वती,सदा विराजत कैलासी ।
नंदी भृंगी नृत्य करत हैं,धरत ध्यान सुर सुखरासी ॥

॥ ॐ जय जगदीश हरे ॥

ॐ जय जगदीश हरे, स्वामी ! जय जगदीश हरे।
भक्त जनों के संकट, क्षण में दूर करे॥
ॐ जय जगदीश हरे।
जो ध्यावे फल पावे, दुःख विनसे मन का।
स्वामी दुःख विनसे मन का।
सुख सम्पत्ति घर आवे, कष्ट मिटे तन का॥
ॐ जय जगदीश हरे।
मात-पिता तुम मेरे, शरण गहूँ मैं किसकी।
स्वामी शरण गहूँ मैं किसकी।
तुम बिन और न दूजा, आस करूँ जिसकी॥
ॐ जय जगदीश हरे।
तुम पूरण परमात्मा, तुम अन्तर्यामी।
स्वामी तुम अन्तर्यामी।
पारब्रह्म परमेश्वर, तुम सबके स्वामी॥
ॐ जय जगदीश हरे।
तुम करुणा के सागर, तुम पालन-कर्ता।
स्वामी तुम पालन-कर्ता।
मैं मूरख खल कामी, कृपा करो भर्ता॥
ॐ जय जगदीश हरे।

तुम हो एक अगोचर, सबके प्राणपति।
स्वामी सबके प्राणपति।
किस विधि मिलूँ दयामय, तुमको मैं कुमति॥
ॐ जय जगदीश हरे।
दीनबन्धु दुखहर्ता, तुम ठाकुर मेरे।
स्वामी तुम ठाकुर मेरे।
अपने हाथ उठाओ, द्वार पड़ा तेरे॥
ॐ जय जगदीश हरे।
विषय-विकार मिटाओ, पाप हरो देवा।
स्वमी पाप हरो देवा।
श्रद्धा-भक्ति बढ़ाओ, सन्तन की सेवा॥
ॐ जय जगदीश हरे।
श्री जगदीशजी की आरती, जो कोई नर गावे।
स्वामी जो कोई नर गावे।
कहत शिवानन्द स्वामी, सुख संपत्ति पावे॥
ॐ जय जगदीश हरे।

॥ आरती श्री सत्यनारायणजी ॥

जय लक्ष्मीरमणा श्री जय लक्ष्मीरमणा।
सत्यनारायण स्वामी जनपातक हरणा॥
जय लक्ष्मीरमणा।
रत्नजड़ित सिंहासन अद्भुत छवि राजे।
नारद करत निराजन घंटा ध्वनि बाजे॥
जय लक्ष्मीरमणा।
प्रगट भये कलि कारण द्विज को दर्श दियो।
बूढ़ो ब्राह्मण बनकर कंचन महल कियो॥
जय लक्ष्मीरमणा।
दुर्बल भील कठारो इन पर कृपा करी।
चन्द्रचूड़ एक राजा जिनकी विपति हरी॥
जय लक्ष्मीरमणा।
वैश्य मनोरथ पायो श्रद्धा तज दीनी।
सो फल भोग्यो प्रभुजी फिर स्तुति कीनी॥
जय लक्ष्मीरमणा।
भाव भक्ति के कारण छिन-छिन रूप धर्यो।
श्रद्धा धारण कीनी तिनको काज सर्यो॥
जय लक्ष्मीरमणा।

ग्वाल बाल संग राजा वन में भक्ति करी।
मनवांछित फल दीनो दीनदयाल हरी॥
जय लक्ष्मीरमणा।
चढ़त प्रसाद सवाया कदली फल मेवा।
धूप दीप तुलसी से राजी सत्यदेवा॥
जय लक्ष्मीरमणा।
श्री सत्यनारायणजी की आरती जो कोई नर गावे।
कहत शिवानन्द स्वामी मनवांछित फल पावे॥
जय लक्ष्मीरमणा।

॥ श्री पुरुषोत्तम देव की आरती ॥

जय पुरुषोत्तम देवा॥
सब मासों में उत्तम,तुमको बतलाया।
कृपा हुई जब हरि की,कृष्ण रूप पाया॥
जय पुरुषोत्तम देवा॥
पूजा तुमको जिसनेसर्व सुक्ख दीना।
निर्मल करके काया,पाप छार कीना॥
जय पुरुषोत्तम देवा॥
मेधावी मुनि कन्या,महिमा जब जानी।
द्रोपदि नाम सती से,जग ने सन्मानी॥
जय पुरुषोत्तम देवा॥
विप्र सुदेव सेवा कर,मृत सुत पुनि पाया।
धाम हरि का पाया,यश जग में छाया॥
जय पुरुषोत्तम देवा॥
नृप दृढ़धन्वा पर जब,तुमने कृपा करी।
व्रतविधि नियम और पूजा,कीनी भक्ति भरी॥
जय पुरुषोत्तम देवा॥
शूद्र मणीग्रिव पापी,दीपदान किया।
निर्मल बुद्धि तुम करके,हरि धाम दिया॥
जय पुरुषोत्तम देवा॥
पुरुषोत्तम व्रत-पूजाहित चित से करते।
प्रभुदास भव नद सेसहजही वे तरते॥
जय पुरुषोत्तम देवा॥

॥ श्रीमन नारायण नारायण हरि हरि ॥

श्रीमन नारायण नारायण हरि हरि
तव महिमा अनंत, अति प्यारी हरि हरि
लक्ष्मी नारायण नारायण हरि हरि
चरण शरण में भक्ति हमारी हरि हरि
भजो मन नारायण नारायण हरि हरि
जय जय नारायण नारायण हरि हरि
सत्य नारायण नारायण हरि हरि
दुखहारी, सुखकारी हरि हरि
हरिओम नमो नारायण हरि हरि
शुद्ध नाम अमृत सार हरि हरि
गोविंद नारायण नारायण हरि हरि
विष्णु नारायण नारायण हरि हरि
भजो मन नारायण नारायण हरि हरि
जय जय नारायण नारायण हरि हरि
बद्रीनारायण नारायण हरि हरि
जगन्नाथ नारायण नारायण हरि हरि
पतित पावन, प्रभु कृपालु हरि हरि
हरिओम नमो नारायण हरि हरि
तव लीला सबसे न्यारी न्यारी हरि हरि

॥ ॐ जय नरसिंह हरे ॥

ॐ जय नरसिंह हरे,प्रभु जय नरसिंह हरे।
स्तम्भ फाड़ प्रभु प्रकटे,स्तम्भ फाड़ प्रभु प्रकटे,
जन का ताप हरे॥
ॐ जय नरसिंह हरे॥

तुम हो दीन दयाला, भक्तन हितकारी,प्रभु भक्तन हितकारी।
अद्भुत रूप बनाकर,अद्भुत रूप बनाकर,
प्रकटे भय हारी॥
ॐ जय नरसिंह हरे॥

सबके हृदय विदारण, दुस्यु जियो मारी,प्रभु दुस्यु जियो मारी।
दास जान अपनायो,दास जान अपनायो,
जन पर कृपा करी॥
ॐ जय नरसिंह हरे॥

ब्रह्मा करत आरती, माला पहिनावे,प्रभु माला पहिनावे।
शिवजी जय जय कहकर,पुष्पन बरसावे॥
ॐ जय नरसिंह हरे॥

॥ आरती कीजै नरसिंह कुँवर की ॥

आरती कीजै नरसिंह कुँवर की।
वेद विमल यश गाऊँ मेरे प्रभुजी॥

पहली आरती प्रह्लाद उबारे।
हिरणाकुश नख उदर विदारे॥
दूसरी आरती वामन सेवा।
बलि के द्वार पधारे हरि देवा॥

तीसरी आरती ब्रह्म पधारे।
सहसबाहु के भुजा उखारे॥
चौथी आरती असुर संहारे।
भक्त विभीषण लंक पधारे॥

पाँचवीं आरती कंस पछारे।
गोपी ग्वाल सखा प्रतिपाले॥
तुलसी को पत्र कण्ठ मणि हीरा।
हरषि-निरखि गावें दास कबीरा॥

॥ आरती कुंजबिहारी की ॥

आरती कुंजबिहारी की, श्री गिरिधर कृष्ण मुरारी की

गले में बैजंती माला,
बजावै मुरली मधुर बाला।
श्रवण में कुण्डल झलकाला,
नंद के आनंद नंदलाला।
गगन सम अंग कांति काली,
राधिका चमक रही आली।
लतन में ठाढ़े बनमाली;
भ्रमर सी अलक, कस्तूरी तिलक,
चन्द्र सी झलक;
ललित छवि श्यामा प्यारी की॥
श्री गिरिधर कृष्णमुरारी की॥

आरती कुंजबिहारी की श्री गिरिधर कृष्ण मुरारी की

कनकमय मोर मुकुट बिलसै,
देवता दरसन को तरसैं।
गगन सों सुमन रासि बरसै;
बजे मुरचंग, मधुर मिरदंग,
ग्वालिन संग;
अतुल रति गोप कुमारी की॥

श्री गिरिधर कृष्णमुरारी की॥

आरती कुंजबिहारी की श्री गिरिधर कृष्ण मुरारी की
जहां ते प्रकट भई गंगा,
कलुष कलि हारिणि श्रीगंगा।
स्मरन ते होत मोह भंगा;
बसी सिव सीस, जटा के बीच,
हरै अघ कीच;
चरन छवि श्रीबनवारी की॥
श्री गिरिधर कृष्णमुरारी की॥

आरती कुंजबिहारी की श्री गिरिधर कृष्ण मुरारी की
चमकती उज्ज्वल तट रेनू,
बज रही वृंदावन बेनू।
चहुं दिसि गोपि ग्वाल धेनू;
हंसत मृदु मंद,चांदनी चंद,
कटत भव फंद;
टेर सुन दीन भिखारी की॥
श्री गिरिधर कृष्णमुरारी की॥

आरती कुंजबिहारी की श्री गिरिधर कृष्ण मुरारी की

॥ श्री बाँकेबिहारी तेरी आरती गाऊँ ॥

श्री बाँकेबिहारी तेरी आरती गाऊँ।
कुन्जबिहारी तेरी आरती गाऊँ।
श्री श्यामसुन्दर तेरी आरती गाऊँ।
श्री बाँकेबिहारी तेरी आरती गाऊँ॥
मोर मुकुट प्रभु शीश पे सोहे।
प्यारी बंशी मेरो मन मोहे।
देखि छवि बलिहारी जाऊँ।
श्री बाँकेबिहारी तेरी आरती गाऊँ॥
चरणों से निकली गंगा प्यारी।
जिसने सारी दुनिया तारी।
मैं उन चरणों के दर्शन पाऊँ।
श्री बाँकेबिहारी तेरी आरती गाऊँ॥
दास अनाथ के नाथ आप हो।
दुःख सुख जीवन प्यारे साथ हो।
हरि चरणों में शीश नवाऊँ।
श्री बाँकेबिहारी तेरी आरती गाऊँ॥
श्री हरि दास के प्यारे तुम हो।
मेरे मोहन जीवन धन हो।
देखि युगल छवि बलि-बलि जाऊँ।
श्री बाँकेबिहारी तेरी आरती गाऊँ॥
आरती गाऊँ प्यारे तुमको रिझाऊँ।
हे गिरिधर तेरी आरती गाऊँ।
श्री श्यामसुन्दर तेरी आरती गाऊँ।
श्री बाँकेबिहारी तेरी आरती गाऊँ॥

॥ आरती श्री गोवर्धन महाराज की ॥

श्री गोवर्धन महाराज, ओ महाराज,
तेरे माथे मुकुट विराज रहेओ।

तोपे पान चढ़े तोपे फूल चढ़े,
तोपे चढ़े दूध की धार।
तेरे माथे मुकुट विराज रहेओ।
तेरी सात कोस की परिकम्मा,
चकलेश्वर है विश्राम।
तेरे माथे मुकुट विराज रहेओ।
तेरे गले में कण्ठा साज रहेओ,
ठोड़ी पे हीरा लाल।
तेरे माथे मुकुट विराज रहेओ।
तेरे कानन कुण्डल चमक रहेओ,
तेरी झाँकी बनी विशाल।
तेरे माथे मुकुट विराज रहेओ।
गिरिराज धरण प्रभु तेरी शरण,
करो भक्त का बेड़ा पार।
तेरे माथे मुकुट विराज रहेओ।

॥ आरती जुगल किशोर की कीजै ॥

आरती जुगल किशोर की कीजै,
राधे धन न्यौछावर कीजै। x2
रवि शशि कोटि बदन की शोभा,
ताहि निरखि मेरा मन लोभा।
आरती जुगल किशोर की कीजै...।
गौर श्याम मुख निरखत रीझै,
प्रभु को स्वरुप नयन भर पीजै।
कंचन थार कपूर की बाती,
हरि आये निर्मल भई छाती।
आरती जुगल किशोर की कीजै...।
फूलन की सेज फूलन की माला,
रतन सिंहासन बैठे नन्दलाला।
मोर मुकुट कर मुरली सोहै,
नटवर वेष देखि मन मोहै।
आरती जुगल किशोर की कीजै...।
आधा नील पीत पटसारी,
कुञ्ज बिहारी गिरिवरधारी।
श्री पुरुषोत्तम गिरवरधारी,
आरती करें सकल ब्रजनारी।
आरती जुगल किशोर की कीजै...।
नन्द लाला वृषभानु किशोरी,
परमानन्द स्वामी अविचल जोरी।
आरती जुगल किशोर की कीजै,
राधे धन न्यौछावर कीजै।

॥ नन्द-सुवन जसुमतिके लाला ॥

नन्द-सुवन जसुमतिके लाला,
गोधन गोपी प्रिय गोपाला।
देवप्रिय असुरनके काला,
मोहन विश्वविमोहन वर की॥

आरती कीजै श्रीनटवर जी की।
गोवर्धन-धर बन्शीधर की॥
जय वसुदेव-देवकी-नन्दन,
कालयवन-कन्सादि-निकन्दन।
जगदाधार अजय जगवन्दन,
नित्य नवीन परम सुन्दर की॥

आरती कीजै श्रीनटवर जी की।
गोवर्धन-धर बन्शीधर की॥
अकल कलाधर सकल विश्वधर,
विश्वम्भर कामद करुणाकर।
अजर, अमर, मायिक, मायाहर,
निर्गुन चिन्मय गुणमन्दिर की॥

आरती कीजै श्रीनटवर जी की।

गोवर्धन-धर बन्शीधर की॥
पाण्डव-पूत परीक्षित रक्षक,
अतुलित अहि अघ मूषक-भक्षक।
जगमय जगत निरीह निरीक्षक,
ब्रह्म परात्पर परमेश्वर की॥

आरती कीजै श्रीनटवर जी की।
गोवर्धन-धर बन्शीधर की॥
नित्य सत्य गोलोकविहारी,
अजाव्यक्त लीलावपुधारी।
लीलामय लीलाविस्तारी,
मधुर मनोहर राधावर की॥

आरती कीजै श्रीनटवर जी की।
गोवर्धन-धर बन्शीधर की॥
आरती कीजै श्रीनटवर जी की,
गोवर्धन-धर बन्शीधर की॥
आरती कीजै श्रीनटवर जी की,
गोवर्धन-धर बन्शीधर की॥

आरती कीजै श्रीनटवर जी की।
गोवर्धन-धर बन्शीधर की॥

॥ आरती श्रीकृष्ण कन्हैया की ॥

आरती श्रीकृष्ण कन्हैया की
मथुरा कारागृह अवतारी,
गोकुल जसुदा गोद विहारी।
नन्दलाल नटवर गिरधारी,
वासुदेव हलधर भैया की॥
आरती श्रीकृष्ण कन्हैया की।
मोर मुकुट पीताम्बर छाजै,
कटि काछनि, कर मुरलि विराजै।
पूर्ण सरक ससि मुख लखि लाजै,
काम कोटि छवि जितवैया की॥
आरती श्रीकृष्ण कन्हैया की।
गोपीजन रस रास विलासी,
कौरव कालिय, कन्स बिनासी।
हिमकर भानु, कृसानु प्रकासी,
सर्वभूत हिय बसवैया की॥
आरती श्रीकृष्ण कन्हैया की।
कहुँ रन चढ़ै भागि कहुँ जावै,
कहुँ नृप कर, कहुँ गाय चरावै।
कहुँ जागेस, बेद जस गावै,
जग नचाय ब्रज नचवैया की॥
आरती श्रीकृष्ण कन्हैया की।
अगुन सगुन लीला बपु धारी,
अनुपम गीता ज्ञान प्रचारी।
दामोदर सब विधि बलिहारी,
विप्र धेनु सुर रखवैया की॥

॥ जय जय गिरिधारी ॥

जय जय गिरिधारी प्रभु,जय जय गिरिधारी।
दानव-दल-बलहारी,गो-द्विज-हितकारी॥
जय जय गिरिधारी प्रभु,जय जय गिरिधारी।

जय गोविन्द दयानिधि,गोवर्धन-धारी।
वन्शीधर बनवारीब्रज-जन-प्रियकारी॥
जय जय गिरिधारी प्रभु,जय जय गिरिधारी।

गणिका-गीध-अजामिलगजपति-भयहारी।
आरत-आरति-हारी,जग-मन्गल-कारी॥
जय जय गिरिधारी प्रभु,जय जय गिरिधारी।

गोपालक, गोपेश्वर,द्रौपदि-दुखदारी।
शबर-सुता-सुखकारी,गौतम-तिय तारी॥
जय जय गिरिधारी प्रभु,जय जय गिरिधारी।

जन-प्रह्लाद-प्रमोदक,नरहरि-तनु-धारी।
जन-मन-रञ्जनकारी,दिति-सुत-सन्हारी॥
जय जय गिरिधारी प्रभु,जय जय गिरिधारी।

टिट्टिभ-सुत-सत्रक्षकरक्षक मन्झारी।
पाण्डु-सुवन-शुभकारीकौरव-मद-हारी॥
जय जय गिरिधारी प्रभु,जय जय गिरिधारी।

मन्मथ मन्मथ मोहन,मुरली-रव-कारी।
वृन्दाविपिन-विहारीयमुना-तट-चारी॥
जय जय गिरिधारी प्रभु,जय जय गिरिधारी।

अघ-बक-बकीउधारक तृणावर्त-तारी।
बिधि-सुरपति-मदहारी,कन्स-मुक्तिकारी॥
जय जय गिरिधारी प्रभु,जय जय गिरिधारी।

शेष, महेश, सरस्वतिगुन गावत हारी।
कल कीरति-बिस्तारीभक्त-भीति-हारी॥
जय जय गिरिधारी प्रभु,जय जय गिरिधारी।

नारायण शरणागत,अति अघ, अघहारी।
पद-रज पावनकारीचाहत चितहारी॥
जय जय गिरिधारी प्रभु,जय जय गिरिधारी।

॥ श्री यशोदालाल आरती ॥

आरति करत यसोदा प्रमुदित, फूली अङ्ग न मात।
बल-बल कहि दुलरावतआनन्द मगन भई पुलकात॥

सुबरन-थार रत्न-दीपावलिचित्रित घृत-भीनी बात।
कल सिन्दूर दूब दधिअच्छत तिलक करत बहु भाँत॥

अन्न चतुर्विध बिबिधभोग दुन्दुभि बाजत बहु जात।
नाचत गोप कुम्कुमाछिरकत देत अखिल नगदात॥

बरसत कुसुम निकर-सुर-नर-मुनि व्रजजुवती मुसकात।
कृष्णदास-प्रभु गिरधर कोमुख निरख लजत ससि-काँत॥

॥ श्री रामचन्द्र कृपालु भजु मन ॥

श्री रामचन्द्र कृपालु भजु मन,
हरण भवभय दारुणम्।
नव कंज लोचन,
कंज मुख करकंज पद कंजारुणम्॥

श्री रामचन्द्र कृपालु भजु मन...॥
कन्दर्प अगणित अमित छवि,
नव नील नीरद सुन्दरम्।
पट पीत मानहुं तड़ित
रूचि-शुचिनौमि जनक सुतावरम्॥

श्री रामचन्द्र कृपालु भजु मन...॥
भजु दीनबंधु दिनेशदानव
दैत्य वंश निकन्दनम्।
रघुनन्द आनन्द कन्द
कौशलचन्द्र दशरथ नन्द्रम्॥

श्री रामचन्द्र कृपालु भजु मन...॥
सिर मुकुट कुंडल तिलकचारू
उदारु अंग विभूषणम्।

आजानुभुज शर चाप-धर,
संग्राम जित खरदूषणम्॥

श्री रामचन्द्र कृपालु भजु मन...॥
इति वदति तुलसीदास,
शंकर शेष मुनि मन रंजनम्।
मम हृदय कंज निवास कुरु,
कामादि खल दल गंजनम्॥

श्री रामचन्द्र कृपालु भजु मन...॥
मन जाहि राचेऊ मिलहिसो
वर सहज सुन्दर सांवरो।
करुणा निधान सुजानशील
सनेह जानत रावरो॥

श्री रामचन्द्र कृपालु भजु मन...॥
एहि भाँति गौरी असीससुन
सिय हित हिय हरषित अली।
तुलसी भवानिहि पूजी
पुनि-पुनिमुदित मन मन्दिर चली॥
श्री रामचन्द्र कृपालु भजु मन...॥

॥ आरती कीजै श्री रघुवर जी की ॥

आरती कीजै श्री रघुवर जी की,
सत् चित् आनन्द शिव सुन्दर की।
दशरथ तनय कौशल्या नन्दन,
सुर मुनि रक्षक दैत्य निकन्दन।
अनुगत भक्त भक्त उर चन्दन,
मर्यादा पुरुषोतम वर की।
आरती कीजै श्री रघुवर जी की...।
निर्गुण सगुण अनूप रूप निधि,
सकल लोक वन्दित विभिन्न विधि।
हरण शोक-भय दायक नव निधि,
माया रहित दिव्य नर वर की।
आरती कीजै श्री रघुवर जी की...।
जानकी पति सुर अधिपति जगपति,
अखिल लोक पालक त्रिलोक गति।
विश्व वन्द्य अवन्ह अमित गति,
एक मात्र गति सचराचर की।
आरती कीजै श्री रघुवर जी की...।
शरणागत वत्सल व्रतधारी,
भक्त कल्प तरुवर असुरारी।
नाम लेत जग पावनकारी,
वानर सखा दीन दुख हर की।
आरती कीजै श्री रघुवर जी की...।

॥ ऐसी आरती राम रघुबीर की करहि मन ॥

ऐसी आरती राम रघुबीर की करहि मन।
हरण दुखदुन्द गोविन्द आनन्दघन॥
ऐसी आरती राम रघुबीर की करहि मन॥

अचर चर रुप हरि, सर्वगत, सर्वदा
बसत, इति बासना धूप दीजै।
दीप निजबोधगत कोह-मद-मोह-तम
प्रौढ़ अभिमान चित्तवृत्ति छीजै॥
ऐसी आरती राम रघुबीर की करहि मन॥

भाव अतिशय विशद प्रवर नैवेद्य शुभ
श्रीरमण परम सन्तोषकारी।
प्रेम-ताम्बूल गत शूल सन्शय सकल,
विपुल भव-बासना-बीजहारी॥
ऐसी आरती राम रघुबीर की करहि मन॥

अशुभ-शुभ कर्म घृतपूर्ण दशवर्तिका,
त्याग पावक, सतोगुण प्रकासं।
भक्ति-वैराग्य-विज्ञान दीपावली,

अर्पि नीराजनं जगनिवासं॥
ऐसी आरती राम रघुबीर की करहि मन॥

बिमल हृदि-भवन कृत शान्ति-पर्यंक शुभ,
शयन विश्राम श्रीरामराया।
क्षमा-करुणा प्रमुख तत्र परिचारिका,
यत्र हरि तत्र नहिं भेद-माया॥
ऐसी आरती राम रघुबीर की करहि मन॥

आरती-निरत सनकादि, श्रुति, शेष, शिव,
देवरिषि, अखिलमुनि तत्त्व-दरसी।
करै सोइ तरै, परिहरै कामादि मल,
वदति इति अमलमति दास तुलसी॥

ऐसी आरती राम रघुबीर की करहि मन॥

॥ जय जानकीनाथा ॥

जय जानकीनाथा,जय श्रीरघुनाथा।
दोउ कर जोरें बिनवौं,प्रभु! सुनिये बाता॥
जय जानकीनाथा, जय श्रीरघुनाथा॥
तुम रघुनाथ हमारेप्रान, पिता माता।
तुम ही सज्जन-सङ्गीभक्ति मुक्ति दाता॥
जय जानकीनाथा, जय श्रीरघुनाथा॥
लख चौरासी काटोमेटो यम त्रासा।
निसिदिन प्रभु मोहि रखियेअपने ही पासा॥
जय जानकीनाथा, जय श्रीरघुनाथा॥
राम भरत लछिमनसँग शत्रुहन भैया।
जगमग ज्योति विराजै,शोभा अति लहिया॥
जय जानकीनाथा, जय श्रीरघुनाथा॥
हनुमत नाद बजावत,नेवर झमकाता।
स्वर्णथाल कर आरतीकौशल्या माता॥
जय जानकीनाथा, जय श्रीरघुनाथा॥
सुभग मुकुट सिर, धनु सरकर सोभा भारी।
मनीराम दर्शन करिपल-पल बलिहारी॥
जय जानकीनाथा, जय श्रीरघुनाथा॥
जय जानकीनाथा,जय श्रीरघुनाथा।
दोउ कर जोरें बिनवौं,प्रभु! सुनिये बाता॥
जय जानकीनाथा, जय श्रीरघुनाथा॥

॥ बन्दौं रघुपति करुना निधान ॥

बन्दौं रघुपति करुना निधान।
जाते छूटै भव-भेद ग्यान॥
रघुबन्स-कुमुद-सुखप्रद निसेस।
सेवत पद-पन्कज अज-महेस॥
निज भक्त-हृदय पाथोज-भृन्ग।
लावन्यबपुष अगनित अनन्ग॥
अति प्रबल मोह-तम-मारतण्ड।
अग्यान-गहन- पावक-प्रचण्ड॥
अभिमान-सिन्धु-कुम्भज उदार।
सुररन्जन, भन्जन भूमिभार॥
रागादि- सर्पगन पन्नगारि।
कन्दर्प-नाग-मृगपति, मुरारि॥
भव-जलधि-पोत चरनारबिन्द।
जानकी-रवन आनन्द कन्द॥
हनुमन्त प्रेम बापी मराल।
निष्काम कामधुक गो दयाल॥
त्रैलोक-तिलक, गुनगहन राम।
कह तुलसिदास बिश्राम-धाम॥

॥ आरती कीजै हनुमान लला की ॥

आरती कीजै हनुमान लला की।
दुष्ट दलन रघुनाथ कला की॥
जाके बल से गिरिवर कांपे।
रोग दोष जाके निकट न झांके॥

अंजनि पुत्र महा बलदाई।
सन्तन के प्रभु सदा सहाई॥
दे बीरा रघुनाथ पठाए।
लंका जारि सिया सुधि लाए॥

लंका सो कोट समुद्र-सी खाई।
जात पवनसुत बार न लाई॥
लंका जारि असुर संहारे।
सियारामजी के काज सवारे॥

लक्ष्मण मूर्छित पड़े सकारे।
आनि संजीवन प्राण उबारे॥
पैठि पाताल तोरि जम-कारे।
अहिरावण की भुजा उखारे॥

बाएं भुजा असुरदल मारे।
दाहिने भुजा संतजन तारे॥
सुर नर मुनि आरती उतारें।
जय जय जय हनुमान उचारें॥

कंचन थार कपूर लौ छाई।
आरती करत अंजना माई॥
जो हनुमानजी की आरती गावे।
बसि बैकुण्ठ परम पद पावे॥

॥ अम्बे तू है जगदम्बे काली ॥

अम्बे तू है जगदम्बे काली, जय दुर्गे खप्पर वाली,
तेरे ही गुण गावें भारती, ओ मैया हम सब उतारे
तेरी आरती।
ओ मैया हम सब उतारे तेरी आरती॥
तेरे भक्त जनो पर माताभीर पड़ी है भारी।
दानव दल पर टूट पड़ो माँकरके सिंह सवारी॥
सौ-सौ सिहों से बलशाली,है अष्ट भुजाओं वाली,
दुष्टों को तू ही ललकारती।
ओ मैया हम सब उतारे तेरी आरती॥
माँ-बेटे का है इस जग मेंबड़ा ही निर्मल नाता।
पूत-कपूत सुने हैपर ना माता सुनी कुमाता॥
सब पे करूणा दर्शाने वाली,अमृत बरसाने वाली,
दुखियों के दुखड़े निवारती।
ओ मैया हम सब उतारे तेरी आरती॥
नहीं मांगते धन और दौलत,न चांदी न सोना।
हम तो मांगें तेरे चरणों मेंछोटा सा कोना॥
सबकी बिगड़ी बनाने वाली,लाज बचाने वाली,
सतियों के सत को संवारती।

ओ मैया हम सब उतारे तेरी आरती॥
चरण शरण में खड़े तुम्हारी,ले पूजा की थाली।
वरद हस्त सर पर रख दो माँसंकट हरने वाली॥
माँ भर दो भक्ति रस प्याली,अष्ट भुजाओं वाली,
भक्तों के कारज तू ही सारती।
ओ मैया हम सब उतारे तेरी आरती॥

॥ श्री महाकाली माता जी की आरती ॥

मंगल' की सेवा, सुन मेरी देवा हाथ जोड़, तेरे द्वार खड़े।
पान सुपारी, ध्वजा, नारियल, ले ज्वाला तेरी भेंट धरे॥
मंगल की सेवा सुन मेरी देवा। सुन जगदम्बे, कर न विलम्बे
संतन के भण्डार भरे। संतन-प्रतिपाली, सदा खुशहाली,
मैया जै काली कल्याण करे॥
मंगल की सेवा सुन मेरी देवा।
बुद्धि विधाता, तू जग माता, मेरा कारज सिद्ध करे।
चरण कमल का लिया आसरा, शरण तुम्हारी आन परे॥
मंगल की सेवा सुन मेरी देवा।
जब-जब भीर पड़ी भक्तन पर, तब-तब आय सहाय करे।
बार-बार तैं सब जग मोहयो, तरुणी रूप अनूप धरे॥
मंगल की सेवा सुन मेरी देवा।
माता होकर पुत्र खिलावे कहीं भार्या भोग करे।,
सन्तन सुखदाई सदा सहाई, सन्त खड़े जयकार करे॥
मंगल की सेवा सुन मेरी देवा।
ब्रह्मा विष्णु महेश सहसफण लिए, भेंट देन तेरे द्वार खड़े।
अटल सिहांसन बैठी मेरी माता, सिर सोने का छत्र फिरे॥
मंगल की सेवा सुन मेरी देवा।
वार शनिश्चर कुंकुम बरणो, जब लुँकड़ पर हुकुम करे।
खड़्ग खप्पर त्रिशुल हाथ लिए, रक्त बीज को भस्म करे॥

मंगल की सेवा सुन मेरी देवा।
शुंभ निशुंभ को क्षण में मारे, महिषासुर को पकड़ दले।
'आदित' वारी आदि भवानी, जन अपने का कष्ट हरे॥
मंगल की सेवा सुन मेरी देवा।
कुपित होय दानव मारे, चण्ड मुण्ड सब चूर करे।
जब तुम देखी दया रूप हो, पल में संकट दूर करे॥
मंगल की सेवा सुन मेरी देवा।
सौम्य स्वभाव धरयो मेरी माता, जन की अर्ज कबूल करे।
सात बार की महिमा बरनी, सब गुण कौन बखान करे॥
मंगल की सेवा सुन मेरी देवा।
सिंह पीठ पर चढ़ी भवानी, अटल भवन में राज करे।
दर्शन पावें मंगल गावें, सिद्ध साधक तेरी भेंट धरे॥
मंगल की सेवा सुन मेरी देवा।
ब्रह्मा वेद पढ़े तेरे द्वारे, शिव शंकर ध्यान धरे।
इन्द्र कृष्ण तेरी करे आरती, चँवर कुबेर डुलाय रहे॥
मंगल की सेवा सुन मेरी देवा।
जय जननी जय मातु भवानी, अटल भवन में राज करे।
संतन प्रतिपाली सदा खुशहाली,
मैया जय काली कल्याण करे॥

मंगल की सेवा सुन मेरी देवा।

॥ आरती दुर्गा जी की कीजै ॥

आरती दुर्गा जी की कीजै,
दुख दरिद्र विनाशिनी सेजै ॥

जो जन नित गावे मन लायी,
ता पर मां प्रसन्न हो जाई ॥

दुर्गा रूप निराला भवानी,
शिव संग सुभग शोभा वखानी ॥

कर में खड्ग त्रिशूल विराजे,
दुष्ट दलन कर काल समाजे ॥

रक्त चण्डी मातु वरदायिनी,
भक्तजनों की मन सुखदायिनी ॥

सिंह वाहिनी जय जय माता,
त्रिभुवन में तू शक्ति दाता ॥

जय अंबे गौरी जय शिवरानी,
तेरे चरणों की वंदन वानी ॥

॥ जय अम्बे गौरी आरती ॥

जय अम्बे गौरी, मैया जय श्यामा गौरी ।
तुमको निशिदिन ध्यावत, हरि ब्रह्मा शिवरी ॥ ॐ जय अम्बे गौरी ॥

मांग सिंदूर विराजत, टीको मृगमद को ।
उज्जवल से दोउ नैना, चन्द्रवदन नीको ॥ ॐ जय अम्बे गौरी ॥

कनक समान कलेवर, रक्ताम्बर राजै ।
रक्तपुष्प गलमाला, कंठन पर साजै ॥ ॐ जय अम्बे गौरी ॥

केहरि वाहन राजत, खड्ग खप्परधारी ।
सुर–नर–मुनि जन सेवत, तिनके दुःखहारी ॥ ॐ जय अम्बे गौरी ॥

कानन कुण्डल शोभित, नासाग्रे मोती ।
कोटिक चन्द्र दिवाकर, सम राजत ज्योति ॥ ॐ जय अम्बे गौरी ॥

शुम्भ–निशुम्भ बिदारे, महिषासुर घाती ।
धूम्रविलोचन नैना, निशिदिन मदमाती ॥ ॐ जय अम्बे गौरी ॥

चण्ड–मुण्ड संहारे, शोणित बीज हरे ।
मधुकैटभ दोउ हारे, सुर भयहीन करे ॥ ॐ जय अम्बे गौरी ॥

ब्रह्माणी, रुद्राणी, तुम कमला रानी ।
आगम–निगम–बखानी, तुम शिव पटरानी ॥ ॐ जय अम्बे गौरी ॥

चौंसठ योगिनी गावत, नृत्य करत भैरू ।
बाजत ताल मृदंगा, अरु बाजत डमरू ॥ ॐ जय अम्बे गौरी ॥

तुम ही जग की माता, तुम ही हो भरता ।
भक्तन की दुःख हरता, सुख सम्पत्ति करता ॥ ॐ जय अम्बे गौरी ॥

भुजा चार अति शोभित, वर मुद्रा धारी ।
मनवांछित फल पावत, सेवत नर–नारी ॥ ॐ जय अम्बे गौरी ॥

कन्चन थाल विराजत, अगर कपूर बाती ।
श्री मालकेतु में राजत, कोटि रतन ज्योति ॥ ॐ जय अम्बे गौरी ॥

अम्बे जी की आरती, जो कोई नर गावै ।
कहत शिवानन्द स्वामी, सुख–सम्पत्ति पावै ॥ ॐ जय अम्बे गौरी ॥

॥ आरती माता भवानी की ॥

आरती माता भवानी की,
माँ जगदम्बा भवानी की ॥

लाल चुनरिया ओढ़े तू शेर पे सवारी,
तेरा रूप है सुन्दर, तू जग से न्यारी ॥

माथे पे बिंदिया चमके, हाथों में तलवार,
दुष्टों का नाश करे, करे भक्तों का उद्धार ॥

तेरे नाम का प्याला, जो कोई पिये माँ,
भवसागर से तर जाये, दुःख दूर हो माँ ॥

आरती माता भवानी की,
माँ अम्बे भवानी की ॥

॥ दुर्गे दुर्घट भारी ॥

दुर्गे दुर्घट भारी तुजविण संसारी –
अनाथनाथे अंबे करुणा विस्तारी ॥
वारी वारी जन्म मरणांते वारी –
हारी पडलो आता संकट निवारी ॥१॥

जय देवी जय देवी महिषासुरमथिनी –
सुरवर ईश्वर वरदे तारक संजीवनी ॥
जय देवी जय देवी ॥ धृ॥

त्रिभुवन भुवनी पाहता तुज ऐसी नाही –
चारी श्रमले परंतु न बोलवे काही –
साही विवाद करिता पडले प्रवाही –
ते तू भक्तांना पावसी लव लाही ॥२॥

प्रसन्न वदने प्रसन्न होसी निजदासा –
क्लेशांपासून तोडी तोड़वी भवपाशा –
अंबे तुजवाचुन कोण पुरवील आशा –
नरहर तल्लीन झाला पदपंकजलेशा ॥३॥

॥ जय वैष्णवी माता ॥

जय वैष्णवी माता,मैया जय वैष्णवी माता।
हाथ जोड़ तेरे आगे,आरती मैं गाता॥
शीश पे छत्र विराजे,मूरतिया प्यारी।
गंगा बहती चरनन,ज्योति जगे न्यारी॥
ब्रह्मा वेद पढ़े नित द्वारे,शंकर ध्यान धरे।
सेवक चंवर डुलावत,नारद नृत्य करे॥
सुन्दर गुफा तुम्हारी,मन को अति भावे।
बार-बार देखन को,ऐ माँ मन चावे॥
भवन पे झण्डे झूलें,घंटा ध्वनि बाजे।
ऊँचा पर्वत तेरा,माता प्रिय लागे॥
पान सुपारी ध्वजा नारियल,भेंट पुष्प मेवा।
दास खड़े चरणों में,दर्शन दो देवा॥
जो जन निश्चय करके,द्वार तेरे आवे।
उसकी इच्छा पूरण,माता हो जावे॥
इतनी स्तुति निश-दिन,जो नर भी गावे।
कहते सेवक ध्यानू,सुख सम्पत्ति पावे॥

॥ नवदुर्गा की आरती ॥

॥ आरती देवी शैलपुत्री जी की ॥

शैलपुत्री माँ बैल असवार।
करें देवता जय जय कार॥
शिव-शंकर की प्रिय भवानी।
तेरी महिमा किसी ने न जानी॥
पार्वती तू उमा कहलावें।
जो तुझे सुमिरे सो सुख पावें॥
रिद्धि सिद्धि परवान करें तू।
दया करें धनवान करें तू॥
सोमवार को शिव संग प्यारी।
आरती जिसने तेरी उतारी॥
उसकी सगरी आस पुजा दो।
सगरे दुःख तकलीफ मिटा दो॥
घी का सुन्दर दीप जला के।
गोला गरी का भोग लगा के॥
श्रद्धा भाव से मन्त्र जपायें।
प्रेम सहित फिर शीश झुकायें॥
जय गिरराज किशोरी अम्बे।
शिव मुख चन्द्र चकोरी अम्बे॥
मनोकामना पूर्ण कर दो।
चमन सदा सुख सम्पत्ति भर दो॥

॥ आरती देवी ब्रह्मचारिणी जी की ॥

जय अम्बे ब्रह्मचारिणी माता।
जय चतुरानन प्रिय सुख दाता॥
ब्रह्मा जी के मन भाती हो।
ज्ञान सभी को सिखलाती हो॥
ब्रह्म मन्त्र है जाप तुम्हारा।
जिसको जपे सरल संसारा॥
जय गायत्री वेद की माता।
जो जन जिस दिन तुम्हें ध्याता॥
कमी कोई रहने ना पाए।
कोई भी दुख सहने न पाए॥
उसकी विरति रहे ठिकाने।
जो तेरी महिमा को जाने॥
रुद्रक्षा की माला ले कर।
जपे जो मन्त्र श्रद्धा दे कर॥
आलस छोड़ करे गुणगाना।
माँ तुम उसको सुख पहुँचाना॥
ब्रह्मचारिणी तेरो नाम।
पूर्ण करो सब मेरे काम॥
भक्त तेरे चरणों का पुजारी।
रखना लाज मेरी महतारी

॥ आरती देवी चन्द्रघण्टा जी की ॥

जय माँ चन्द्रघण्टा सुख धाम।
पूर्ण कीजो मेरे काम॥
चन्द्र समाज तू शीतल दाती।
चन्द्र तेज किरणों में समाती॥
मन की मालक मन भाती हो।
चन्द्रघण्टा तुम वर दाती हो॥
सुन्दर भाव को लाने वाली।
हर संकट में बचाने वाली॥
हर बुधवार को तुझे ध्याये।
श्रद्धा सहित तो विनय सुनाए॥
मूर्ति चन्द्र आकार बनाए।
सन्मुख घी की ज्योत जलाएं॥
शीश झुका कहे मन की बाता।
पूर्ण आस करो जगत दाता॥
कांचीपुर स्थान तुम्हारा।
कर्नाटिका में मान तुम्हारा॥
नाम तेरा रटू महारानी।
भक्त की रक्षा करो भवानी॥

॥ आरती देवी कूष्माण्डा जी की ॥

कूष्माण्डा जय जग सुखदानी।
मुझ पर दया करो महारानी॥
पिङ्गला ज्वालामुखी निराली।
शाकम्बरी माँ भोली भाली॥
लाखों नाम निराले तेरे।
भक्त कई मतवाले तेरे॥
भीमा पर्वत पर है डेरा।
स्वीकारो प्रणाम ये मेरा॥
सबकी सुनती हो जगदम्बे।
सुख पहुँचती हो माँ अम्बे॥
तेरे दर्शन का मैं प्यासा।
पूर्ण कर दो मेरी आशा॥
माँ के मन में ममता भारी।
क्यों ना सुनेगी अरज हमारी॥
तेरे दर पर किया है डेरा।
दूर करो माँ संकट मेरा॥
मेरे कारज पूरे कर दो।
मेरे तुम भंडारे भर दो॥
तेरा दास तुझे ही ध्याए।
भक्त तेरे दर शीश झुकाए॥

॥ आरती देवी स्कन्दमाता जी की ॥

जय तेरी हो स्कन्द माता।
पांचवां नाम तुम्हारा आता॥
सबके मन की जानन हारी।
जग जननी सबकी महतारी॥
तेरी जोत जलाता रहूं मैं।
हरदम तुझे ध्याता रहूं मै॥
कई नामों से तुझे पुकारा।
मुझे एक है तेरा सहारा॥
कही पहाड़ों पर है डेरा।
कई शहरों में तेरा बसेरा॥
हर मन्दिर में तेरे नजारे।
गुण गाए तेरे भक्त प्यारे॥
भक्ति अपनी मुझे दिला दो।
शक्ति मेरी बिगड़ी बना दो॥
इन्द्र आदि देवता मिल सारे।
करे पुकार तुम्हारे द्वारे॥
दुष्ट दैत्य जब चढ़ कर आए।
तू ही खण्ड हाथ उठाए॥
दासों को सदा बचाने आयी।
भक्त की आस पुजाने आयी॥

॥ आरती देवी कात्यायनी जी की ॥

जय जय अम्बे जय कात्यायनी।
जय जग माता जग की महारानी॥
बैजनाथ स्थान तुम्हारा।
वहावर दाती नाम पुकारा॥
कई नाम है कई धाम है।
यह स्थान भी तो सुखधाम है॥
हर मन्दिर में ज्योत तुम्हारी।
कही योगेश्वरी महिमा न्यारी॥
हर जगह उत्सव होते रहते।
हर मन्दिर में भगत है कहते॥
कत्यानी रक्षक काया की।
ग्रंथि काटे मोह माया की॥
झूठे मोह से छुडाने वाली।
अपना नाम जपाने वाली॥
बृहस्पतिवार को पूजा करिए।
ध्यान कात्यानी का धरिये॥
हर संकट को दूर करेगी।
भंडारे भरपूर करेगी॥
जो भी माँ को भक्त पुकारे।
कात्यायनी सब कष्ट निवारे॥

॥ आरती देवी कालरात्रि जी की ॥

कालरात्रि जय जय महाकाली।
काल के मुंह से बचाने वाली॥
दुष्ट संघारक नाम तुम्हारा।
महाचंडी तेरा अवतारा॥
पृथ्वी और आकाश पे सारा।
महाकाली है तेरा पसारा॥
खड्ग खप्पर रखने वाली।
दुष्टों का लहू चखने वाली॥
कलकत्ता स्थान तुम्हारा।
सब जगह देखूं तेरा नजारा॥
सभी देवता सब नर-नारी।
गावें स्तुति सभी तुम्हारी॥
रक्तदन्ता और अन्नपूर्णा।
कृपा करे तो कोई भी दुःख ना॥
ना कोई चिंता रहे ना बीमारी।
ना कोई गम ना संकट भारी॥
उस पर कभी कष्ट ना आवे।
महाकाली माँ जिसे बचावे॥
तू भी भक्त प्रेम से कह।
कालरात्रि माँ तेरी जय॥

॥ आरती देवी महागौरी जी की ॥

जय महागौरी जगत की माया।
जय उमा भवानी जय महामाया॥
हरिद्वार कनखल के पासा।
महागौरी तेरा वहा निवास॥
चन्द्रकली और ममता अम्बे।
जय शक्ति जय जय माँ जगदम्बे॥
भीमा देवी विमला माता।
कौशिक देवी जग विख्यता॥
हिमाचल के घर गौरी रूप तेरा।
महाकाली दुर्गा है स्वरूप तेरा॥
सती (सत) हवन कुंड में था जलाया।
उसी धुएं ने रूप काली बनाया॥
बना धर्म सिंह जो सवारी में आया।
तो शंकर ने त्रिशूल अपना दिखाया॥
तभी माँ ने महागौरी नाम पाया।
शरण आनेवाले का संकट मिटाया॥
शनिवार को तेरी पूजा जो करता।
माँ बिगड़ा हुआ काम उसका सुधरता॥
भक्त बोलो तो सोच तुम क्या रहे हो।
महागौरी माँ तेरी हरदम ही जय हो॥

॥ आरती देवी सिद्धिदात्री जी की ॥

जय सिद्धिदात्री माँ तू सिद्धि की दाता।
तु भक्तों की रक्षक तू दासों की माता॥
तेरा नाम लेते ही मिलती है सिद्धि।
तेरे नाम से मन की होती है शुद्धि॥
कठिन काम सिद्ध करती हो तुम।
जभी हाथ सेवक के सिर धरती हो तुम॥
तेरी पूजा में तो ना कोई विधि है।
तू जगदम्बें दाती तू सर्व सिद्धि है॥
रविवार को तेरा सुमिरन करे जो।
तेरी मूर्ति को ही मन में धरे जो॥
तू सब काज उसके करती है पूरे।
कभी काम उसके रहे ना अधूरे॥
तुम्हारी दया और तुम्हारी यह माया।
रखे जिसके सिर पर मैया अपनी छाया॥
सर्व सिद्धि दाती वह है भाग्यशाली।
जो है तेरे दर का ही अम्बें सवाली॥
हिमाचल है पर्वत जहां वास तेरा।
महा नंदा मंदिर में है वास तेरा॥
मुझे आसरा है तुम्हारा ही माता।
भक्ति है सवाली तू जिसकी दाता

॥ श्री पार्वती माता की आरती ॥

जय पार्वती माता जय पार्वती माता।
ब्रह्म सनातन देवीशुभ फल की दाता॥

जय पार्वती माता
अरिकुल पद्म विनाशिनिजय सेवक त्राता।
जग जीवन जगदम्बा,हरिहर गुण गाता॥

जय पार्वती माता
सिंह को वाहन साजे,कुण्डल हैं साथा।
देव वधू जस गावत,नृत्य करत ताथा॥

जय पार्वती माता
सतयुग रूपशील अतिसुन्दर,नाम सती कहलाता।
हेमांचल घर जन्मी,सखियन संग राता॥

जय पार्वती माता
शुम्भ निशुम्भ विदारे,हेमांचल स्थाता।
सहस्त्र भुजा तनु धरि के,चक्र लियो हाथा॥

जय पार्वती माता

सृष्टि रूप तुही हैजननी शिवसंग रंगराता।
नन्दी भृंगी बीन लहीसारा जग मदमाता॥

जय पार्वती माता
देवन अरज करतहम चित को लाता।
गावत दे दे ताली,मन में रंगराता॥

जय पार्वती माता
श्री प्रताप आरती मैया की,जो कोई गाता।
सदासुखी नित रहतासुख सम्पत्ति पाता॥

जय पार्वती माता

॥ श्री बगलामुखी माता जी की आरती ॥

जय जय श्री बगलामुखी माता,
आरति करहुं तुम्हारी। x2
पीत वसन तन पर तव सोहै,
कुण्डल की छबि न्यारी॥
कर-कमलों में मुद्गर धारै,
अस्तुति करहिं सकल नर-नारी॥

जय जय श्री बगलामुखी माता...।
चम्पक माल गले लहरावे,
सुर नर मुनि जय जयति उचारी॥
त्रिविध ताप मिटि जात सकल सब,
भक्ति सदा तव है सुखकारी॥

जय जय श्री बगलामुखी माता...।
पालत हरत सृजत तुम जग को,
सब जीवन की हो रखवारी॥
मोह निशा में भ्रमत सकल जन,
करहु हृदय महँ, तुम उजियारी॥

जय जय श्री बगलामुखी माता...।
तिमिर नशावहु ज्ञान बढ़ावहु,
अम्बे तुमही हो असुरारी॥
सन्तन को सुख देत सदा ही,
सब जन की तुम प्राण पियारी॥

जय जय श्री बगलामुखी माता...।
तव चरणन जो ध्यान लगावै,
ताको हो सब भव-भयहारी॥
प्रेम सहित जो करहिं आरती,
ते नर मोक्षधाम अधिकारी॥

जय जय श्री बगलामुखी माता...।

॥ दोहा ॥

बगलामुखी की आरती,पढ़ै सुनै जो कोय।
विनती भगत की,सुख-सम्पति सब होय॥

॥ श्री विन्ध्येश्वरी माता जी की आरती ॥

सुन मेरी देवी पर्वतवासिनि,
तेरा पार न पाया। x2
पान सुपारी ध्वजा नारियल,
ले तेरी भेंट चढ़ाया॥
जय विन्ध्येश्वरी माता॥
सुवा चोली तेरे अंग विराजै,
केशर तिलक लगाया।
नंगे पांव अकबर जाकर,
सोने का छत्र चढ़ाया॥
जय विन्ध्येश्वरी माता॥
ऊँचे ऊँचे पर्वत बना देवालय,
नीचे शहर बसाया।
सत्युग त्रेता द्वापर मध्ये,
कलयुग राज सवाया॥
जय विन्ध्येश्वरी माता॥
धूप दीप नैवेद्य आरती,
मोहन भोग लगाया।
ध्यानू भगत मैया (तेरा) गुण गावैं,
मन वांछित फल पाया॥
जय विन्ध्येश्वरी माता॥

॥ आरती ललिता माता की ॥

श्री मातेश्वरी जय त्रिपुरेश्वरी।
राजेश्वरी जय नमो नमः॥
करुणामयी सकल अघ हारिणी।
अमृत वर्षिणी नमो नमः॥
जय शरणं वरणं नमो नमः।
श्री मातेश्वरी जय त्रिपुरेश्वरी॥
अशुभ विनाशिनी, सब सुख दायिनी।
खल-दल नाशिनी नमो नमः॥
भण्डासुर वधकारिणी जय माँ।
करुणा कलिते नमो नमः॥
जय शरणं वरणं नमो नमः।
श्री मातेश्वरी जय त्रिपुरेश्वरी॥
भव भय हारिणी, कष्ट निवारिणी।
शरण गति दो नमो नमः॥
शिव भामिनी साधक मन हारिणी।
आदि शक्ति जय नमो नमः॥
जय शरणं वरणं नमो नमः।
जय त्रिपुर सुन्दरी नमो नमः॥
श्री मातेश्वरी जय त्रिपुरेश्वरी।
राजेश्वरी जय नमो नमः॥

॥ ॐ महालक्ष्म्यै नमो नमः ॥

नमस्तेस्तु महामाये श्रीपीठे सुरपूजिते
शंख चक्र गदा हस्ते महालक्ष्मी नमोस्तूते, नमोस्तूते

ॐ महालक्ष्म्यै नमो नमः
ॐ विष्णुप्रिययै नमो नमः
ॐ धनप्रदायै नमो नमः
ॐ विश्वजनन्यै नमो नमः
ॐ महालक्ष्म्यै नमो नमः
ॐ विष्णुप्रिययै नमो नमः
ॐ धनप्रदायै नमो नमः
ॐ विश्वजनन्यै नमो नमः
ॐ महालक्ष्म्यै नमो नमः
ॐ विष्णुप्रिययै नमो नमः
ॐ धनप्रदायै नमो नमः
ॐ विश्वजनन्यै नमो नमः
ॐ महालक्ष्म्यै नमो नमः
ॐ विष्णुप्रिययै नमो नमः
ॐ धनप्रदायै नमो नमः
ॐ विश्वजनन्यै नमो नमः

॥ ॐ जय लक्ष्मी माता ॥

ॐ जय लक्ष्मी माता, मैया जय लक्ष्मी माता ।
तुमको निशदिन सेवत, हर विष्णु विधाता ॥ ॐ जय...
उमा, रमासे मिलकर, तुम भव निधि पाता ।
जो कोई तुमको ध्याता, ऋद्धि-सिद्धि पाता ॥ ॐ जय...
तुम पाताल निवासिनि, तुम ही शुभदाता ।
कर्म-प्रभाव-प्रकाशिनि, भव निधि की त्राता ॥ ॐ जय...
जिस घर में तुम रहतीं, सब सद्गुण आता ।
सब सम्भव हो जाता, मन नहीं घबराता ॥ ॐ जय...
तुम बिन यज्ञ न होते, वस्त्र न कोई पाता ।
खान-पान का वैभव, सब तुमसे आता ॥ ॐ जय...
शुभगुण मन्दिर सुन्दर, क्षीरोदधि जाता ।
रत्न चतुर्दश साथ लाईं, सब मन को भाता ॥ ॐ जय...
महालक्ष्मीजी की आरती, जो कोई जन गाता ।
उर आनंद समाता, पाप उतर जाता ॥
ॐ जय लक्ष्मी माता, मैया जय लक्ष्मी माता ॥

॥ श्री अन्नपूर्णा माता जी की आरती ॥

बारम्बार प्रणाम,
मैया बारम्बार प्रणाम।
जो नहीं ध्यावे तुम्हें अम्बिके,
कहां उसे विश्राम।
अन्नपूर्णा देवी नाम तिहारे,
लेते होत सब काम॥
प्रलय युगान्तर और जन्मान्तर,
कालान्तर तक नाम।
सुर सुरों की रचना करती,
कहाँ कृष्ण कहाँ राम॥
चूमहि चरण चतुर चतुरानन,
चारु चक्रधरश्याम।
चन्द्र चूड़ चन्द्रानन चाकर,
शोभा लखहि ललाम॥
देवी देव दयनीय दशा में,
दया दया तव नाम।
त्राहि-त्राहि शरणागत वत्सल,
शरण रूप तव धाम॥
श्रीं, ह्रीं, श्रद्धा, श्रीं ऐं विद्या,
श्रीं क्लीं कमल काम।
कान्तिभ्रांतिमयी कांति शांतिमयी
वर देतु निष्काम॥

॥ आरती श्री सन्तोषी माँ ॥

जय सन्तोषी माता,मैया जय सन्तोषी माता।
अपने सेवक जन को,सुख सम्पत्ति दाता॥
जय सन्तोषी माता॥
सुन्दर चीर सुनहरीमाँ धारण कीन्हों।
हीरा पन्ना दमके,तन श्रृंगार कीन्हों॥
जय सन्तोषी माता॥
गेरू लाल छटा छवि,बदन कमल सोहे।
मन्द हंसत करुणामयी,त्रिभुवन मन मोहे॥
जय सन्तोषी माता॥
स्वर्ण सिंहासन बैठी,चंवर ढुरें प्यारे।
धूप दीप मधुमेवा,भोग धरें न्यारे॥
जय सन्तोषी माता॥
गुड़ अरु चना परमप्रिय,तामे संतोष कियो।
सन्तोषी कहलाई,भक्तन वैभव दियो॥
जय सन्तोषी माता॥
शुक्रवार प्रिय मानत,आज दिवस सोही।
भक्त मण्डली छाई,कथा सुनत मोही॥
जय सन्तोषी माता॥
मन्दिर जगमग ज्योति,मंगल ध्वनि छाई।

विनय करें हम बालक,चरनन सिर नाई॥
जय सन्तोषी माता॥
भक्ति भावमय पूजा,अंगीकृत कीजै।
जो मन बसै हमारे,इच्छा फल दीजै॥
जय सन्तोषी माता॥
दुखी दरिद्री, रोग,संकट मुक्त किये।
बहु धन-धान्य भरे घर,सुख सौभाग्य दिये॥
जय सन्तोषी माता॥
ध्यान धर्यो जिस जन ने,मनवांछित फल पायो।
पूजा कथा श्रवण कर,घर आनन्द आयो॥
जय सन्तोषी माता॥
शरण गहे की लज्जा,राखियो जगदम्बे।
संकट तू ही निवारे,दयामयी अम्बे॥
जय सन्तोषी माता॥
सन्तोषी माता की आरती,जो कोई जन गावे।
ऋद्धि-सिद्धि, सुख-सम्पत्ति,जी भरकर पावे॥
जय सन्तोषी माता॥

॥ जय सरस्वती माता ॥

जय सरस्वती माता,मैया जय सरस्वती माता।
सदगुण वैभव शालिनी,त्रिभुवन विख्याता॥
जय सरस्वती माता॥
चन्द्रवदनि पद्मासिनि,द्युति मंगलकारी।
सोहे शुभ हंस सवारी,अतुल तेजधारी॥
जय सरस्वती माता॥
बाएं कर में वीणा,दाएं कर माला।
शीश मुकुट मणि सोहे,गल मोतियन माला॥
जय सरस्वती माता॥
देवी शरण जो आए,उनका उद्धार किया।
पैठी मंथरा दासी,रावण संहार किया॥
जय सरस्वती माता॥
विद्या ज्ञान प्रदायिनि,ज्ञान प्रकाश भरो।
मोह अज्ञान और तिमिर का,जग से नाश करो॥
जय सरस्वती माता॥
धूप दीप फल मेवा,माँ स्वीकार करो।
ज्ञानचक्षु दे माता,जग निस्तार करो॥
जय सरस्वती माता॥
माँ सरस्वती की आरती,जो कोई जन गावे।
हितकारी सुखकारीज्ञान भक्ति पावे॥
जय सरस्वती माता॥
जय सरस्वती माता,जय जय सरस्वती माता।
सदगुण वैभव शालिनी,त्रिभुवन विख्याता॥
जय सरस्वती माता॥

॥ भुवन विराजी शारदा महिमा अपरम्पार ॥

भुवन विराजी शारदा महिमा अपरम्पार।
भक्तों के कल्याण को धरो मात अवतार॥
मैया शारदा तोरे दरबार
आरती नित गाऊँ। x3
नित गाऊँ मैया
नित गाऊँ। x2
मैया शारदा तोरे दरबार
आरती नित गाऊँ। x2
श्रद्धा को दीया प्रीत की बाती
असुअन तेल चढ़ाऊँ। x2
दर्श तोरे पाऊँ।
मैया शारदा तोरे दरबार
आरती नित गाऊँ। x3
मन की माला आँख के मोती
भाव के फूल चढ़ाऊँ। x2
दर्श तोरे पाऊँ।
मैया शारदा तोरे दरबार
आरती नित गाऊँ। x3
बल को भोग स्वांस दिन राती
कंधे से विनय सुनाऊँ। x2
दर्श तोरे पाऊँ।

॥ या कुन्देन्दुतुषारहारधवला ॥

कुन्देन्दुतुषारहारधवला या शुभ्रवस्त्रावृता
या वीणावरदण्डमण्डितकरा या श्वेतपद्मासना।
या ब्रह्माच्युत शंकरप्रभृतिभिर्देवैः सदा वन्दिता
सा मां पातु सरस्वती भगवती निःशेषजाड्यापहा ॥

शुक्लां ब्रह्मविचार सार परमामाद्यां जगद्व्यापिनीं
वीणा-पुस्तक-धारिणीमभयदां जाड्यान्धकारापहाम्।
हस्ते स्फटिकमालिकां विदधतीं पद्मासने संस्थिताम्
वन्दे तां परमेश्वरीं भगवतीं बुद्धिप्रदां शारदाम्॥

॥ हे हंसवाहिनी ज्ञान दायिनी ॥

हे हंसवाहिनी ज्ञान दायिनी
अम्ब विमल मति दे
अम्ब विमल मति दे
हे हंसवाहिनी ज्ञान दायिनी
अम्ब विमल मति दे
अम्ब विमल मति दे
जग सिरमौर बनाएँ भारत
वह बल विक्रम दे
वह बल विक्रम दे
हे हंसवाहिनी ज्ञान दायिनी
अम्ब विमल मति दे
अम्ब विमल मति दे
साहस शील हृदय में भर दे
जीवन त्याग-तपोमय कर दे
साहस शील हृदय में भर दे
जीवन त्याग-तपोमय कर दे
संयम सत्य स्नेह का वर दे
स्वाभिमान भर दे
संयम सत्य स्नेह का वर दे

स्वाभिमान भर दे।
हे हंसवाहिनी ज्ञान दायिनी
अम्ब विमल मति दे
अम्ब विमल मति दे
लव-कुश ध्रुव प्रहलाद बनें हम
मानवता का त्रास हरें हम
लव-कुश ध्रुव प्रहलाद बनें हम
मानवता का त्रास हरें हम
सीता सावित्री दुर्गा मां
फिर घर-घर भर दे
सीता सावित्री दुर्गा मां
फिर घर-घर भर दे।
हे हंसवाहिनी ज्ञान दायिनी
अम्ब विमल मति दे
अम्ब विमल मति दे
अम्ब विमल मति दे

॥ जयति जय जय मां सरस्वती ॥

जयति जय जय मां सरस्वती,
जयति वीणा धारिणी ॥
जयति पद्मासना माता,
जयति शुभ वरदायिनी ।
जयति जय जय मां सरस्वती,
जयति वीणा धारिणी ॥
जगत का कल्याण कर मां,
तुम हो वीणा वादिनी।
जयति जय जय मां सरस्वती,
जयति वीणा धारिणी ॥
कमल आसन छोड़कर आ,
देख मेरी दुर्दशा मां ।
जयति जय जय मां सरस्वती,
जयति वीणा धारिणी ॥
ज्ञान की सरिता बहा मां,
हे सकल जगतारणी ।
जयति जय जय मां सरस्वती,
जयति वीणा धारिणी ॥

॥ ॐ जय गंगे माता ॥

ॐ जय गंगे माता,मैया जय गंगे माता।
जो नर तुमको ध्याता,मनवांछित फल पाता॥

ॐ जय गंगे माता॥
चन्द्र-सी ज्योति तुम्हारी,जल निर्मल आता।
शरण पड़े जो तेरी,सो नर तर जाता॥

ॐ जय गंगे माता॥
पुत्र सगर के तारे,सब जग को ज्ञाता।
कृपा दृष्टि हो तुम्हारी,त्रिभुवन सुख दाता॥

ॐ जय गंगे माता॥
एक बार जो प्राणी,शरण तेरी आता।
यम की त्रास मिटाकर,परमगति पाता॥

ॐ जय गंगे माता॥
आरती मातु तुम्हारी,जो नर नित गाता।
सेवक वही सहज में,मुक्त्ति को पाता॥

ॐ जय गंगे माता॥

॥ जय जय भगीरथनन्दिनि ॥

जय जय भगीरथनन्दिनि,मुनि-चय चकोर-चन्दिनि,
नर-नाग-बिबुध-बन्दिनि,जय जह्नुबालिका।
जय जय भगीरथनन्दिनि...।
विष्णु-पद-सरोजजासि,ईस-सीस पर बिभासि,
त्रिपथगासि, पुन्यरासि,पाप-छालिका॥
जय जय भगीरथनन्दिनि...।
बिमल बिपुल बहसि बारि,सीतल त्रयताप-हारि,
भँवर बर बिभन्गतरतरन्ग-मालिका।
जय जय भगीरथनन्दिनि...।
पुरजन पूजोपहार सोभितससि धवल धार,
भंजन भव-भार,भक्ति-कल्प थालिका॥
जय जय भगीरथनन्दिनि...।
निज तट बासी बिहन्ग,जल-थल-चर पसु-पतन्ग,
कीट, जटिल तापस,सब सरिस पालिका।
जय जय भगीरथनन्दिनि...।
तुलसी तव तीर तीरसुमिरत रघुवन्स-बीर,
बिचरत मति देहिमोह-महिष-कालिका॥

जय जय भगीरथनन्दिनि...।

॥ श्री नर्मदा माता जी की आरती ॥

ॐ जय जगदानन्दी,
मैया जय आनंद कन्दी।
ब्रह्मा हरिहर शंकर रेवा,
शिव हरि शंकर रुद्री पालन्ती॥

ॐ जय जगदानन्दी...॥
देवी नारद शारद तुम वरदायक,
अभिनव पदचण्डी।
सुर नर मुनि जन सेवत,
सुर नर मुनि शारद पदवन्ती॥

ॐ जय जगदानन्दी...॥
देवी धूमक वाहन राजत,
वीणा वादयन्ती।
झूमकत झूमकत झूमकत,
झननन झननन रमती राजन्ती॥

ॐ जय जगदानन्दी...॥
देवी बाजत ताल मृदंगा,
सुरमण्डल रमती।

तोड़ीतान तोड़ीतान तोड़ीतान,
तुरड़ड़ तुरड़ड़ तुरड़ड़ रमती सुरवन्ती॥

ॐ जय जगदानन्दी...॥
देवी सकल भुवन पर आप विराजत,
निशदिन आनन्दी।
गावत गंगा शंकर, सेवत रेवा
शंकर तुम भव मेटन्ती॥

ॐ जय जगदानन्दी...॥
मैया जी को कंचन थाल विराजत,
अगर कपूर बाती।
अमरकंठ में विराजत,
घाटन घाट कोटी रतन जोती॥

ॐ जय जगदानन्दी...॥
मैया जी की आरती निशदिन पढ़ि गावें,
हो रेवा जुग जुग नर गावें।
भजत शिवानंद स्वामी,
जपत हरि मन वांछित फल पावें॥
ॐ जय जगदानन्दी...॥

॥ यमुना माता आरती ॥

ॐ जय यमुना माता, हरि ॐ जय यमुना माता।
जो नहावे फल पावे सुख दुःख की दाता॥
ॐ जय यमुना माता...॥
पावन श्रीयमुना जल शीतल अगम बहै धारा।
जो जन शरण में आया कर दिया निस्तारा॥
ॐ जय यमुना माता...॥
जो जन प्रातः ही उठकर नित्य स्नान करे।
यम के त्रास न पावे जो नित्य ध्यान करे॥
ॐ जय यमुना माता...॥
कलिकाल में महिमा तुम्हारी अटल रही।
तुम्हारा बड़ा महातम चारों वेद कही॥
ॐ जय यमुना माता...॥
आन तुम्हारे माता प्रभु अवतार लियो।
नित्य निर्मल जल पीकर कंस को मार दियो॥
ॐ जय यमुना माता...॥
नमो मात भय हरणी शुभ मन्गल करणी।
मन बेचैन भया है तुम बिन वैतरणी॥
ॐ जय यमुना माता...॥
ॐ जय यमुना माता, हरि ॐ जय यमुना माता।
जो नहावे फल पावे सुख दुःख की दाता॥
ॐ जय यमुना माता...॥

॥ आरती अहोई माता की ॥

जय अहोई माता,जय अहोई माता।
तुमको निसदिन ध्यावतहर विष्णु विधाता॥
जय अहोई माता...॥
ब्रह्माणी, रुद्राणी, कमलातू ही है जगमाता।
सूर्य-चन्द्रमा ध्यावतनारद ऋषि गाता॥
जय अहोई माता...॥
माता रूप निरंजनसुख-सम्पत्ति दाता।
जो कोई तुमको ध्यावतनित मंगल पाता॥
जय अहोई माता...॥
तू ही पाताल बसंती,तू ही है शुभदाता।
कर्म-प्रभाव प्रकाशकजगनिधि से त्राता॥
जय अहोई माता...॥
जिस घर थारो वासावाहि में गुण आता।
कर न सके सोई कर लेमन नहीं धड़काता॥
जय अहोई माता...॥
तुम बिन सुख न होवेन कोई पुत्र पाता।
खान-पान का वैभवतुम बिन नहीं आता॥
जय अहोई माता...॥
शुभ गुण सुंदर युक्ताक्षीर निधि जाता।
रतन चतुर्दश तोकूकोई नहीं पाता॥
जय अहोई माता...॥
श्री अहोई माँ की आरतीजो कोई गाता।
उर उमंग अति उपजेपाप उतर जाता॥
जय अहोई माता...॥

॥ एकादशी माता की आरती ॥

ॐ जय एकादशी, जय एकादशी,
जय एकादशी माता।
विष्णु पूजा व्रत को धारण कर,
शक्ति मुक्ति पाता॥

ॐ जय एकादशी...॥
तेरे नाम गिनाऊं देवी,भक्ति प्रदान करनी।
गण गौरव की देनी माता,शास्त्रों में वरनी॥

ॐ जय एकादशी...॥
मार्गशीर्ष के कृष्णपक्ष की उत्पन्ना,विश्वतारनी
जन्मी।
शुक्ल पक्ष में हुई मोक्षदा,मुक्तिदाता बन आई॥

ॐ जय एकादशी...॥
पौष के कृष्णपक्ष की,सफला नामक है।
शुक्लपक्ष में होय पुत्रदा,आनन्द अधिक रहै॥

ॐ जय एकादशी...॥

नाम षटतिला माघ मास में,कृष्णपक्ष आवै।
शुक्लपक्ष में जया, कहावै,विजय सदा पावै॥

ॐ जय एकादशी...॥
विजया फागुन कृष्णपक्ष मेंशुक्ला आमलकी।
पापमोचनी कृष्ण पक्ष में,चैत्र महाबलि की॥

ॐ जय एकादशी...॥
चैत्र शुक्ल में नाम कामदा,धन देने वाली।
नाम वरूथिनी कृष्णपक्ष में,वैसाख माह वाली॥

ॐ जय एकादशी...॥
शुक्ल पक्ष में होयमोहिनी अपरा ज्येष्ठ कृष्णपक्षी।
नाम निर्जला सब सुख करनी,शुक्लपक्ष रखी॥

ॐ जय एकादशी...॥
योगिनी नाम आषाढ में जानों,कृष्णपक्ष करनी।
देवशयनी नाम कहायो,शुक्लपक्ष धरनी॥

ॐ जय एकादशी...॥
कामिका श्रावण मास में आवै,कृष्णपक्ष कहिए।
श्रावण शुक्ला होयपवित्रा,आनन्द से रहिए॥

ॐ जय एकादशी...॥
अजा भाद्रपद कृष्णपक्ष की,परिवर्तिनी शुक्ला।
इन्द्रा आश्चिन कृष्णपक्ष में,व्रत से भवसागर निकला॥
ॐ जय एकादशी...॥
पापांकुशा है शुक्ल पक्ष में,आप हरनहारी।
रमा मास कार्तिक में आवै,सुखदायक भारी॥

ॐ जय एकादशी...॥
देवोत्थानी शुक्लपक्ष की,दुखनाशक मैया।
पावन मास में करूंविनती पार करो नैया॥

ॐ जय एकादशी...॥
परमा कृष्णपक्ष में होती,जन मंगल करनी।
शुक्ल मास में होयपद्मिनी दुख दारिद्र हरनी॥

ॐ जय एकादशी...॥
जो कोई आरती एकादशी की,भक्ति सहित गावै।
जन गुरदिता स्वर्ग का वासा,निश्चय वह पावै॥

ॐ जय एकादशी...॥

॥ श्री तुलसी जी की आरती ॥

जय जय तुलसी माता, सबकी सुखदाता वर माता।
सब योगों के ऊपर, सब रोगों के ऊपर,
रुज से रक्षा करके भव त्राता।
जय जय तुलसी माता।
बहु पुत्री है श्यामा, सूर वल्ली है ग्राम्या,
विष्णु प्रिय जो तुमको सेवे, सो नर तर जाता।
जय जय तुलसी माता।
हरि के शीश विराजत त्रिभुवन से हो वंदित,
पतित जनों की तारिणि, तुम हो विख्याता।
जय जय तुलसी माता।
लेकर जन्म बिजन में आई दिव्य भवन में,
मानव लोक तुम्हीं से सुख सम्पत्ति पाता।
जय जय तुलसी माता।
हरि को तुम अति प्यारी श्याम वर्ण सुकुमारी,
प्रेम अजब है श्री हरि का तुम से नाता।
जय जय तुलसी माता।

॥ जयति जय गायत्री माता॥

जयति जय गायत्री माता,जयति जय गायत्री माता।
सत् मारग पर हमें चलाओ,जो है सुखदाता॥

जयति जय गायत्री माता...।
आदि शक्ति तुम अलख निरञ्जनजग पालन कर्त्री।
दुःख, शोक, भय, क्लेश,कलह दारिद्रय दैन्य हर्त्री॥

जयति जय गायत्री माता...।
ब्रह्म रुपिणी, प्रणत पालिनी,जगतधातृ अम्बे।
भवभयहारी, जनहितकारी,सुखदा जगदम्बे॥

जयति जय गायत्री माता...।
भयहारिणि भवतारिणि अनघे,अज आनन्द राशी।
अविकारी, अघहरी, अविचलित,अमले, अविनाशी॥

जयति जय गायत्री माता...।
कामधेनु सत् चित् आनन्दा,जय गंगा गीता।
सविता की शाश्वती शक्ति,तुम सावित्री सीता॥

जयति जय गायत्री माता...।
ऋग्, यजु, साम, अथर्व,प्रणयिनी, प्रणव महामहिमे।
कुण्डलिनी सहस्त्रार,सुषुम्ना, शोभा गुण गरिमे॥

जयति जय गायत्री माता...।
स्वाहा, स्वधा, शची,ब्रहाणी, राधा, रुद्राणी।
जय सतरुपा, वाणी, विद्या,कमला, कल्याणी॥

जयति जय गायत्री माता...।
जननी हम है, दीन, हीन,दुःख, दरिद्र के घेरे।
यदपि कुटिल, कपटी कपूत,तऊ बालक है तेरे॥

जयति जय गायत्री माता...।
स्नेहसनी करुणामयि माता,चरण शरण दीजै।
बिलख रहे हम शिशु सुत तेरे,दया दृष्टि कीजै॥

जयति जय गायत्री माता...।
काम, क्रोध, मद, लोभ,दम्भ, दुर्भाव, द्वेष हरिये।
शुद्ध बुद्धि, निष्पाप हृदय,मन को पवित्र करिये॥

जयति जय गायत्री माता...।
तुम समर्थ सब भाँति तारिणी,तुष्टि, पुष्टि त्राता।
सत् मार्ग पर हमें चलाओ,जो है सुखदाता॥

जयति जय गायत्री माता...।

॥ श्री गायत्रीजी की आरती ॥

आरती श्री गायत्रीजी की।
ज्ञानदीप और श्रद्धा की बाती।
सो भक्ति ही पूर्ति करै जहं घी की॥
आरती श्री गायत्रीजी की।
मानस की शुचि थाल के ऊपर।
देवी की ज्योत जगै, जहं नीकी॥
आरती श्री गायत्रीजी की।
शुद्ध मनोरथ ते जहां घण्टा।
बाजैं करै आसुह ही की॥
आरती श्री गायत्रीजी की।
जाके समक्ष हमें तिहुं लोक कै।
गद्दी मिलै सबहुं लगै फीकी॥
आरती श्री गायत्रीजी की।
संकट आवैं न पास कबौ तिन्हें।
सम्पदा और सुख की बनै लीकी॥
आरती श्री गायत्रीजी की।
आरती प्रेम सौ नेम सो करि।
ध्यावहिं मूरति ब्रह्म लली की॥
आरती श्री गायत्रीजी की।

॥ श्री शीतला माता की आरती ॥

जय शीतला माता, मैया जय शीतला माता।
आदि ज्योति महारानी सब फल की दाता॥

ॐ जय शीतला माता...।
रतन सिंहासन शोभित, श्वेत छत्र भाता।
ऋद्धि-सिद्धि चँवर डोलावें, जगमग छवि छाता॥

ॐ जय शीतला माता...।
विष्णु सेवत ठाढ़े, सेवें शिव धाता।
वेद पुराण वरणत पार नहीं पाता॥

ॐ जय शीतला माता...।
इन्द्र मृदङ्ग बजावत चन्द्र वीणा हाथा।
सूरज ताल बजावै नारद मुनि गाता॥

ॐ जय शीतला माता...।
घण्टा शङ्ख शहनाई बाजै मन भाता।
करै भक्त जन आरती लखि लखि हर्षाता॥

ॐ जय शीतला माता...।
ब्रह्म रूप वरदानी तुही तीन काल ज्ञाता।
भक्तन को सुख देती मातु पिता भ्राता॥

ॐ जय शीतला माता...।
जो जन ध्यान लगावे प्रेम शक्ति पाता।
सकल मनोरथ पावे भवनिधि तर जाता॥

ॐ जय शीतला माता...।
रोगों से जो पीड़ित कोई शरण तेरी आता।
कोढ़ी पावे निर्मल काया अन्ध नेत्र पाता॥

ॐ जय शीतला माता...।
बांझ पुत्र को पावे दारिद्र कट जाता।
ताको भजै जो नाहीं सिर धुनि पछताता॥

ॐ जय शीतला माता...।
शीतल करती जन की तू ही है जग त्राता।
उत्पत्ति बाला बिनाशन तू सब की माता॥

ॐ जय शीतला माता...।
दास नारायण कर जोरी माता।
भक्ति आपनी दीजै और न कुछ माता॥

ॐ जय शीतला माता...।

॥ श्री गौमाताजी की आरती ॥

आरती श्री गैय्या मैंय्या की,
आरती हरनि विश्व धैय्या की।
आरती श्री गैय्या मैंय्या की...।

अर्थकाम सद्धर्म प्रदायिनी,
अविचल अमल मुक्तिपद्दायिनी।
सुर मानव सौभाग्या विधायिनी,
प्यारी पूज्य नन्द छैय्या की॥
आरती श्री गैय्या मैंय्या की...।

अखिल विश्व प्रतिपालिनी माता,
मधुर अमिय दुग्धान्न प्रदाता।
रोग शोक संकट परित्राता,
भवसागर हित दृढ नैय्या की॥
आरती श्री गैय्या मैंय्या की...।

आयु ओज आरोग्य विकाशिनी,
दु:ख दैन्य दारिद्रय विनाशिनी।
सुष्मा सौख्य समृद्धि प्रकाशिनी,

विमल विवेक बुद्धि दैय्या की॥
आरती श्री गैय्या मैंय्या की...।

सेवक हो चाहे दुखदाई,
सम पय सुधा पियावति माई।
शत्रु-मित्र सबको सुखदायी,
स्नेह स्वभाव विश्व जैय्या की॥

आरती श्री गैय्या मैंय्या की...।
आरती श्री गैय्या मैंय्या की,
आरती हरनि विश्व धैय्या की।

आरती श्री गैय्या मैंय्या की...।

॥ श्री राधा माता जी की आरती ॥

आरती श्री वृषभानुसुता की,
मंजुल मूर्ति मोहन ममता की।
त्रिविध तापयुत संसृति नाशिनि,
विमल विवेकविराग विकासिनि।
पावन प्रभु पद प्रीति प्रकाशिनि,
सुन्दरतम छवि सुन्दरता की॥
आरती श्री वृषभानुसुता की।
मुनि मन मोहन मोहन मोहनि,
मधुर मनोहर मूरति सोहनि।
अविरलप्रेम अमिय रस दोहनि,
प्रिय अति सदा सखी ललिता की॥
आरती श्री वृषभानुसुता की।
संतत सेव्य सत मुनि जनकी,
आकर अमित दिव्यगुन गनकी।
आकर्षिणी कृष्ण तन मन की,
अति अमूल्य सम्पति समता की॥
आरती श्री वृषभानुसुता की।
कृष्णात्मिका कृष्ण सहचारिणि,
चिन्मयवृन्दा विपिन विहारिणि।
जगज्जननि जग दुःखनिवारिणि,
आदि अनादि शक्ति विभुता की॥
आरती श्री वृषभानुसुता की

॥ श्री शाकम्भरी माता जी की आरती ॥

हरि ॐ श्री शाकम्भर अम्बा जी की
आरती कीजो।
ऐसो अद्भुत रूप हृदय धर लीजो,
शताक्षी दयालु की आरती कीजो।
तुम परिपूर्ण आदि भवानी माँ,
सब घट तुम आप बखानी माँ।
श्री शाकम्भर अम्बा जी की आरती कीजो।
तुम्हीं हो शाकम्भरी,
तुम ही हो शताक्षी माँ।
शिव मूर्ति माया,
तुम ही हो प्रकाशी माँ।
श्री शाकम्भर अम्बा जी की आरती कीजो।
नित जो नर-नारी
अम्बे आरती गावे माँ,
इच्छा पूरण कीजो,
शाकम्भरी दर्शन पावे माँ।
श्री शाकम्भर अम्बा जी की आरती कीजो।
जो नर आरती पढ़े पढ़ावे माँ,
जो नर आरती सुने सुनावे माँ।
बसे बैकुण्ठ शाकम्भर दर्शन पावे।
श्री शाकम्भर अम्बा जी की आरती कीजो।

मैया शारदा तोरे दरबार
आरती नित गाऊँ। x3
तप को हार कर्ण को टीका
ध्यान की ध्वजा चढ़ाऊँ। x2
दर्श तोरे पाऊँ।
मैया शारदा तोरे दरबार
आरती नित गाऊँ। x3
माँ के भजन साधु सन्तन को
आरती रोज सुनाऊ। x2
दर्श तोरे पाऊँ।
मैया शारदा तोरे दरबार
आरती नित गाऊँ। x3
सुमर-सुमर माँ के जस गावे
चरनन शीश नवाऊँ। x2
दर्श तोरे पाऊँ।
मैया शारदा तोरे दरबार
आरती नित गाऊँ। x3
मैया शारदा तोरे दरबार
आरती नित गाऊँ। x2
मैया शारदा तोरे दरबार
आरती नित गाऊँ। x3

श्री नवग्रह आरती

आरती श्री नवग्रहों की कीजै,
बाधा, कष्ट, रोग, हर लीजै।

सूर्य तेज व्यप भर,
जाकी कृपा काबहुं नहीं छीजै॥
आरती श्री नवग्रहों की कीजै ॥

रूप चंद्र शीतलता लायें,
शांति सहित सरस रसु भायो।
आरती श्री नवग्रहों की कीजै ॥

मंगल हरे अमंगल मंगल सारा,
सौम्य सुधा रस अमृत पीजे।
आरती श्री नवग्रहों की कीजै ॥

बुद्ध सदा वैभव यश लीए,
सुख संपत्ति लक्ष्मी पसीजे।
आरती श्री नवग्रहों की कीजै ॥

विद्या बुद्धि ज्ञान गुरु से ले लो,
प्रगति सदा मानव पे रीझे।
आरती श्री नवग्रहों की कीजै ॥

शुक्र तर्क विज्ञान बढावे,
देश धर्म सेवा यश लीजे।
आरती श्री नवग्रहों की कीजै ॥

न्यायकरी शनि अत्यंत न्यारे,
जप तप श्रद्धा शनि को दीजो।
आरती श्री नवग्रहों की कीजै ॥

राहु मन का भरम हरावे,
साथ न कबहूं कुकर्म न दीजो।
आरती श्री नवग्रहों की कीजै ॥

स्वास्थ्य उत्तम केतु राखे,
पराधीनता मन्हित खीजे।
आरती श्री नवग्रहों की कीजै ॥

www.ingramcontent.com/pod-product-compliance
Lightning Source LLC
LaVergne TN
LVHW070539061026
849580LV00018B/2563
* 9 7 8 9 3 3 4 3 8 4 1 0 9 *